T0001434

Día y noche con Dios

Devocional de

90 Días
para
Mujeres

ORIGEN

Penguin
Random House
Grupo Editorial

Devocional de 90 días para mujeres
Primera edición: enero de 2024

© 2024, Penguin Random House Grupo Editorial USA, LLC
8950 SW 74th Court, Suite 2010
Miami, FL 33156

Editora en general: Keila Ochoa Harris
Contribuyentes: Keila Ochoa Harris (ko), Margie Hord de Méndez (mh),
Mayra Gris (mg), Yuri Flores (yf)
Diseño de cubierta: PRHGE
Imagen de cubierta: Shutterstock/iN

Impreso en Colombia / *Printed in Colombia*

ISBN: 978-1-64473-812-2

ORIGEN es una marca registrada de Penguin Random House Grupo Editorial

24 25 26 27   10 9 8 7 6 5 4 3 2 1

Introducción

¿Te gustan los rompecabezas? No solo son pasatiempos para niños, sino para adultos también. Los científicos han concluido que ayudan a mejorar la memoria y a fomentar **conexiones** mentales. Además, nos ayudan a ejercitar los músculos de la creatividad, la tenacidad y la perseverancia.

Sin embargo, si sostienes una sola pieza del rompecabezas, ¿serías capaz de imaginar el producto final? Probablemente no. Del mismo modo, si tomas un solo proverbio bíblico no puedes ver el panorama completo de la vida humana. Cada proverbio debe ser estudiado de este modo: como una pieza del rompecabezas. En otras palabras, un proverbio no contiene "toda" la enseñanza sobre un tema.

Además, ¿te ha pasado que estás a punto de terminar el rompecabezas y te das cuenta de que te falta una pieza? Te aseguro que no estarás tranquila hasta encontrarla, porque ¡es indispensable! Así también sucede con los proverbios. Si decides prestar atención a los proverbios que hablan del dinero, pero desestimas los que enseñan a cuidar tus palabras, estarás menospreciando una parte importante de la sabiduría.

Recuerda que siempre son las piezas pequeñas las que forman el gran cuadro. Así que, te invitamos a tomar una pequeña pieza del rompecabezas de la sabiduría, para hacer las conexiones pertinentes y ser sabia, un proverbio a la vez.

¿Comenzamos?

Día 1

Las decisiones sabias te protegerán;
el entendimiento te mantendrá a salvo.
Proverbios 2:11, NTV

¿*H*as escuchado el dicho: "Más vale maña que fuerza"? Aunque admiramos a los fortachones que sorprenden con sus hazañas, más nos impactan los listos y sabios, puesto que las consecuencias de sus acciones son más duraderas.

Una mujer tomó una decisión inapropiada y terminó en una profesión poco honrada. La ubicación de su vivienda reflejaba su poca respetabilidad. No sabemos qué la empujó a hacerlo; tal vez no tenía otra manera de sostener a su familia. Pero a pesar de su mala fama, su vida dio un giro cuando tomó una decisión sabia, que la protegió de la muerte a ella y a toda su familia.

Me refiero a la ramera Rahab. Este versículo habla sobre "decisiones sabias" que mantienen a alguien a salvo, y describe perfectamente a Rahab. Ella creyó que el Dios de los israelitas era el verdadero y escondió a los espías hebreos. Cuando los espías se marcharon, le dijeron que dejara un cordón escarlata colgando de su ventana para identificarse y ser salva cuando los israelitas atacaran la ciudad (Josué 2:18). Rahab hizo lo que le habían pedido y, aun cuando la población de Jericó fue destruida, ¡ella y sus familiares se salvaron!

Ese cordón rojo puede tomarse como un símbolo de la sangre de Cristo que representa la salvación. La decisión más sabia, y la que nos mantendrá a salvo por siempre, es creer que Jesús es Hijo de Dios, el salvador que necesitamos. ¿Has tomado una decisión al respecto? Da el paso; de ti depende hacerlo.

Señor, guíame para tomar decisiones sabias y recibir tu protección.

MH

Noche 1

Sea bendito tu manantial,
y alégrate con la mujer de tu juventud.
Proverbios 5:18, RVR1960.

*U*n manantial se puede detener poco a poco, con una piedra a la vez. Si te lo propones, y cada día colocas una piedra cerca de la naciente del agua, la corriente se hará menor en unos meses, y eventualmente, harás que desaparezca o encuentre otro camino.

En el proverbio de hoy, el manantial representa el matrimonio y la intimidad sexual de una pareja. La sabiduría desea que toda pareja sea bendecida y que se disfruten el uno al otro. Tristemente, muchas veces vamos colocando piedras, una a la vez, que detienen el flujo de una relación. ¿Algunas de ellas? Los problemas no resueltos, las expectativas que sobrepasan la realidad, los anhelos o preferencias que no se comparten, las excusas para no estar juntos.

Salomón, el escritor de muchos de estos proverbios, no supo ser el mejor ejemplo en esta área. Sin embargo, también nos dejó una serie de poemas que le escribió a una de sus primeras esposas, en el cual leemos: "Atrapen todos los zorros, esos zorros pequeños, antes de que arruinen el viñedo del amor" (Cantar de los Cantares 2:15, NTV).

Si eres casada, no arruines el manantial. Arregla a tiempo las cosas, aunque sean pequeñas. Expresa con amor tus gustos y tus deseos. Pide perdón aun en lo que parezca una nimiedad. Aclara tus expectativas y conversa mucho con tu pareja. Si no eres casada, los mismos consejos aplican para tu relación con tus hijos, tus amigos o tus compañeros de trabajo. Cuidemos el manantial de las relaciones sanas. No olvides que se arruinan una piedra a la vez.

Señor, que mi manantial sea bendito y encuentre gozo en él.

KO

Día 2

El odio provoca peleas,
pero el amor cubre todas las ofensas.
Proverbios 10:12, NTV.

Recuerdo cuando ahorré para comprar mi primera computadora. Después de un largo tiempo, ya tenía casi toda la cantidad necesaria. Luego supe que mi esposo había hecho una decisión que afectaba nuestras finanzas de manera negativa, y mis ahorros tenían que usarse con otro objetivo. Lloré y estuve muy molesta, pero Dios me mostró que debía usar corrector, no para cubrir imperfecciones. Dios me pidió que lo perdonara.

Esta no fue la primera, ni la última vez que tuve que perdonarlo. Y él, por su parte, tuvo que perdonarme en muchas ocasiones. En casi treinta y siete años de matrimonio, mi esposo y yo tuvimos muchas otras oportunidades para practicar el amor en nuestro trato diario. Hoy, mi esposo está en el cielo, y yo me alegro de haber practicado y recibido el perdón.

Dios nos recuerda que "el amor cubre gran cantidad de pecados" (1 Pedro 4:8, NTV). El que ama no sigue recordando las ofensas para usarlas en contra de los demás. Todos actuamos de forma incorrecta en muchas ocasiones, ya sea consciente o inconscientemente. El amor verdadero perdona las faltas y busca la reconciliación. El máximo ejemplo es Jesucristo, que dio su vida para cubrir nuestra maldad.

Al convivir mucho tiempo con otra persona, es inevitable que tengamos diferencias y discusiones, pero evitemos que sean peleas. El enemigo de nuestras almas quiere destruir nuestros matrimonios y familias. El que nos salvó en su mucho amor quiere que practiquemos el amor en el trato diario con quienes nos rodean.

Padre, hoy, como todos los días, renueva en mí tu amor para no
tomar en cuenta las ofensas y vencer al enemigo.

MH

Noche 2

Da con generosidad y serás más rico;
sé tacaño y lo perderás todo.
Proverbios 11:24, NTV.

Muchos campesinos cosechan frutas y viajan a las ciudades para vender sus productos. Los transportan en pesadas cubetas o canastas de palma. Cuando yo era niña, era frecuente que los vendedores tocaran la puerta de nuestra casa ofreciendo aguacates o pitayas. Venían cansados, con los pies agrietados y llenos de polvo de tanto caminar. Mi mamá los invitaba a pasar a la casa. Los hacía sentar, les daba agua fresca, comida y ropa. Platicaba con ellos con gran interés informándose de sus nombres y sus vidas. También les hablaba del amor de Dios. A veces ellos se marchaban de casa dejando atrás las más pesadas cargas: las del corazón.

En mis años atareados atendiendo a mis niñas, recordaba a mi mamá y me preguntaba cómo se había dado tiempo para escuchar a las personas y mostrar generosidad. Hoy pienso que daba prioridad a estas labores porque también su corazón quedaba lleno. Mi madre tenía la certeza de que es mejor dar que recibir. Y debo añadir que Dios siempre proveyó abundantemente a nuestra familia.

La generosidad es algo que está en el centro del corazón de Dios. Lo estipuló en la ley al decir: "Da al pobre con generosidad, no de mala gana, porque el Señor tu Dios te bendecirá en todo lo que hagas" (Deuteronomio 15:10, NTV).

En nuestra cotidianidad, marcada con apretadas agendas, tendremos interrupciones muchas veces. Está bien hacer pausas para poner atención a las personas que necesitan de nuestra generosidad. Voltea a tu alrededor y observa. ¿Hay alguien que te necesita? Dios promete prosperidad para el alma que comparte.

Señor, quiero ser un dador alegre. Hoy propongo en mi corazón ser
generosa. Ayúdame a compartir tu provisión y tu amor.

MG

Día 3

Para aprender, hay que amar la disciplina;
es tonto despreciar la corrección.
Proverbios 12:1, NTV.

¿*H*as intentado aprender un idioma? Actualmente existen aplicaciones que te prometen que, con solo usarlas quince minutos al día, hablarás un nuevo idioma en tres meses. Pero para hablar de manera fluida y correcta los atajos no funcionan.

Aunque era holandés, Willem hablaba muy bien español. Curiosa, le pregunté cómo es que lo había aprendido. Me confesó que, cuando era joven, conoció a una chica española de quien se enamoró, así que se propuso aprender el castellano para impresionarla. El amor había sido su motivación. En contraste, conozco estudiantes que se conforman con pasar una asignatura con la más baja calificación aprobatoria. No tienen ni la motivación ni la disciplina para obtener el conocimiento. Aborrecen la disciplina porque, quizá, tampoco aman el conocimiento.

Para vivir la vida cristiana, necesitamos disciplina. Cuando conocemos al Señor Jesús, estamos llenas de hábitos como la pereza o el ocio. Sin embargo, cuando estamos enamoradas de Jesús, queremos conocerlo más y hablar con Él todo el tiempo. Creemos, como Pablo, que "todo lo demás no vale nada cuando se le compara con el infinito valor de conocer a Cristo Jesús, mi Señor" (Filipenses 3:8, NTV).

¿Qué tan grande es tu motivación para conocer a Dios a través de la lectura de la Biblia? ¿Cuánto tiempo inviertes en hablar con Él? El proverbio de hoy nos anima a amar la disciplina. No seamos necias y busquemos, como Willem, hablar un nuevo idioma: el idioma del amor a Dios.

Señor Jesús, ayúdame a ser disciplinada en conocerte. Ayúdame a darte tiempo y esforzarme en la lectura y la oración.

YF

Noche 3

La vida del justo está llena de luz y de alegría,
pero la luz del pecador se apagará.
Proverbios 13:9, NTV.

Nadie quiere subir fotos a las redes sociales donde salga llorando o perdiendo los estribos. Si revisas las fotografías en Instagram, verás que todos aparecen sonriendo y pasándola bien. ¿De eso habla el proverbio de hoy? Leonard Cohen escribió una canción en 1992 que dice: "Toca las campanas que aún pueden sonar, olvida tu ofrenda perfecta; hay una grieta en todo, así es como entra la luz".

Quizá al leer este proverbio el día de hoy suspires y digas: "¡Pero mi vida no está llena de luz y alegría!". Tu hijo adulto sufre de depresión; tu hijita de dos años batalla con la leucemia; tu hija trató de quitarse la vida y está en el hospital; te han diagnosticado cáncer; te han negado la visa de trabajo que necesitas; se ha hecho recorte de personal en tu empresa. ¿Cómo puedes ser luz o ayudar a los demás si batallas con poner un pie frente al otro?

Las vidas perfectas no existen. Todos cargamos grietas causadas por el sufrimiento de una traición, una pérdida o una caída. Pero "Dios es luz y en él no hay nada de oscuridad" (1 Juan 1:5, NTV). En medio de los momentos más oscuros, la luz de Jesús es tan fuerte que puede atravesar esas grietas y darnos esperanza. Cuando pasamos por momentos complicados, lo que nos sostiene es el amor de Jesús que, más que una alegría superficial, nos brinda el gozo de su presencia.

Tal vez hoy las grietas te abruman, pero recuerda que, aun en medio del dolor, puedes brillar y compartir con otros que hay una luz que nunca se apaga, y es Jesús.

Padre, que tu luz atraviese mis grietas este día, y que esa luz ayude
a otros a verte a ti.

KO

Día 4

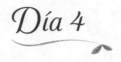

Mejor es adquirir sabiduría que oro preciado;
y adquirir inteligencia vale más que la plata.
Proverbios 16:16, RVR1960.

A lo largo de la historia, el oro ha sido el motivo de conquistas, disputas e incluso asesinatos. Quizá se deba a que es difícil de conseguir. Las rocas pulverizadas de los yacimientos se vierten en un recipiente al que después se agrega agua. Los minerales pesados, como el oro, se van al fondo y después, hay que tirar poco a poco el agua e ir añadiendo más. Con mucha paciencia, se sigue lavando hasta que, en el fondo, poco a poco se vea el ansiado polvo amarillo. Hay técnicas para que el polvo se compacte y se obtenga una pelotita pequeñita. ¿Fácil? No, pero vale la pena para los amantes del oro.

Todo el libro de Proverbios nos anima a buscar la sabiduría de lo alto. ¿Qué pasaría si los buscadores de oro se dieran cuenta de que buscar la sabiduría de Dios es mucho mejor que el oro y que es mejor arriesgar su vida para ser sabios? ¿Qué tal si conquistaran naciones para compartir esta verdad? Claro que el mundo sería diferente. No existiría toda la maldad que estamos viviendo hoy.

La sabiduría es el interior de Dios. Él está anhelando que miremos adentro de su corazón y que actuemos conforme a lo que vemos ahí. Pero, me preguntarás: ¿cómo puedo hurgar dentro de su corazón? La Biblia nos da la respuesta. El Señor Jesús es el corazón de Dios. "Él es la imagen del Dios invisible" (Colosenses 1:15, RVR1960).

No podemos cambiar al mundo, pero podemos hacer nuestra parte en donde estamos y con los que nos rodean. Pero antes debemos hurgar en el corazón de Dios. Como al oro, busquemos cada día la sabiduría de lo alto.

Señor, quiero conocer tu corazón por medio de Jesús. Abre mis ojos.

YF

Noche 4

Los padres son el orgullo de sus hijos.
Proverbios 17:6, NTV.

Cuando no sepas qué tema de conversación comenzar con una madre, pregúntale por sus hijos. Los padres, por lo general, se sienten orgullosos de sus hijos y les gusta compartir con otros sus logros e idiosincrasias. Sin embargo, si te fijas en el proverbio de hoy, el predicador ha cambiado el orden de los factores. En lugar de ver una generación más abajo, orienta nuestros ojos para mirar hacia arriba.

Muchas de nosotras comprendemos que hemos sido bendecidas con padres que nos han legado la fe o nos han dado un ejemplo de responsabilidad. Otras, quizá, no conocimos a nuestros progenitores o fuimos lastimadas por ellos. Sin embargo, vayamos un paso más adelante. ¿Eres madre? ¿Están tus hijos orgullosos de ti? La clave para ser una madre digna es mirar al Padre por excelencia.

Si hemos puesto nuestra fe en Jesús, tenemos un Padre de quien nos podemos sentir sumamente orgullosas. Contamos con un Padre eterno, sin principio ni fin. Hemos sido adoptadas por un Padre de misericordias que se desborda en compasión. Nuestro Padre es perfecto y no nos fallará jamás.

Cuando nos enorgullecemos de algo, solemos hablar de ello todo el tiempo. Para saber si nuestro Padre celestial es nuestro orgullo, pensemos en lo siguiente: ¿Hablamos de Él con frecuencia? ¿Es él un tema recurrente en nuestras conversaciones? ¿Nos emociona poder contar a otros de su amor?

Padre, tengo en ti al mejor padre y me siento conmovida
por ser tu hija.

KO

Día 5

*El egoísta solo busca satisfacer su propio bien;
está en contra de todo buen consejo.*
Proverbios 18:1, NBV.

¿*T*e ha pasado que alguien pide tu consejo solo para no hacer lo que sugeriste? En tu opinión, tu consejo era bueno y sabio. ¿Por qué la gente pide consejo si no piensa escuchar? ¿Seremos todos así?

Después de la universidad, yo no sabía qué pasos seguir para buscar empleo. Mis papás vivían en un pueblo chico, así que tendría que salir a alguna ciudad. Llevaba poco tiempo de haber conocido más de Dios, y con temor y temblor le pedí consejo a mi papá. Un poco sorprendido, porque yo siempre había sido tan independiente, mi padre me indicó unas posibilidades para emprender mi búsqueda. Después me dijo: "A fin de cuentas, son algunas sugerencias mías. Pero siempre has hecho lo que tú quieres". En otras palabras, me dijo: "¿Por qué me pides consejo si no me vas a hacer caso?".

Notemos que el proverbio nos indica que el egoísta se opone a todo "buen" consejo. ¿Por qué haríamos eso? ¿Por qué cerrar los oídos a las sabias recomendaciones de un padre, como en mi caso? Santiago 3:15 dice que la "envidia y el egoísmo no forman parte de la sabiduría que proviene de Dios" (NTV). Cuando queramos tomar una buena decisión, escuchemos el consejo.

Es fácil que uno busque "satisfacer su propio bien", pero aun eso no garantiza que sea un bien real y duradero. Consideremos el valor de recibir el consejo de personas con más experiencia y madurez espiritual para guiarnos hacia cosas buenas.

Padre, ayúdame a escuchar el buen consejo.
MH

Noche 5

Una esposa que busca pleitos
es tan molesta como una gotera continua.
Proverbios 19:13, NTV.

"Solo por hoy" es el lema que ha ayudado a más de seis millones de personas en todo el mundo a dejar el alcohol. "Concentramos la energía en evitar la borrachera el día de hoy, de mañana nos ocuparemos cuando llegue", dice Carlos de Marco, magíster en psicología social.

"Solo por hoy" es un propósito que puede ser útil para motivarnos a dejar cualquier tipo de hábito. Algunas mujeres desarrollamos el hábito de quejarnos constantemente y nuestros seres queridos llegan a hartarse de nuestras supuestas críticas constructivas. El resultado es tan molesto como una gotera constante cayendo en una cubeta. A nadie le gusta vivir con una persona así. Podríamos proponernos evitar estas conductas "solo por hoy".

La Biblia nos ha provisto del ejemplo de Ana, una mujer de la que solo se expresan cosas positivas. Su situación era complicada. Ana era estéril y su esposo tenía otra esposa que, además, la afligía con sus palabras. Sin embargo, ella cerró sus labios. Cuando fueron al templo, desbordó su afligido corazón ante Dios. Su voz apenas era un murmullo, pero Dios la escuchó y le concedió convertirse en madre.

Hay cosas que solo Dios puede cambiar. Las contiendas no ayudan ni resuelven las cosas. La oración sí. Cuando te sientas tan afligida como Ana, puedes hacer lo que hizo ella. Cierra tus labios y entra en la presencia del Dios Todopoderoso con toda oración y ruego. Te escuchará y te responderá.

Padre, ayúdame a no quejarme "solo por hoy".
MG

Día 6

Honroso es al hombre evitar la contienda,
pero no hay necio que no inicie un pleito.
Proverbios 20:3, NVI

Definitivamente, para evitar una pelea se necesita sabiduría divina. Hay una línea muy delgada entre involucrarnos en una pelea o dejarla pasar. Nuestra vieja naturaleza se siente ofendida fácilmente y reacciona a la más mínima provocación.

Éramos cuatro personas al frente de una reunión de mujeres. Al principio todo parecía funcionar muy bien, pero poco a poco empezaron las fricciones e iba reflejándose en el ánimo, así que nos reunimos para darle la cara al asunto. Salieron a relucir los enojos y las molestias que hacían que no quisiéramos estar con alguien en particular. Tuvimos que sacrificar nuestro orgullo, pedir perdón y tratar de comprender y sobrellevar a las que considerábamos insoportables. El ambiente se transformó y pronto sentimos que el Señor nos había unido de una manera increíble. Nos amábamos unas a otras y pudimos trabajar mucho mejor.

El apóstol Juan nos dice claramente que no amamos a Dios si no amamos a nuestros hermanos. El amor que debe caracterizar a los creyentes debe mostrarse en los momentos en que el otro nos decepciona o nos agrede. Si no soy lo suficientemente madura para dejar pasar la ofensa y, en cambio, decido "pelear" por mi honor, entonces me portaré como necia a los ojos de Dios.

Cuánta falta hacen las personas sabias que deciden sacrificar su orgullo y evitar las contiendas. No es fácil tomar esa decisión, pero si decides amar a la otra persona y tratas de amistarte con ella, verás que vas a ganar a una amiga maravillosa y con ello también honrarás a a Jesús, nuestro Señor.

Señor, ayúdame a ser sabia y no ser parte de los pleitos,
sino amar a los demás.

YF

Noche 6

La mente del rey, en manos del Señor,
sigue, como los ríos, el curso que el Señor quiere.
Proverbios 21:1, DHH.

El cine nos ha influenciado tanto que entendemos bien cuando alguien nos dice que vivimos dentro de una película. El problema es cuando, siendo solo actrices, queremos ser guionista y directora. Algunas estrellas famosas tienen muchas actuaciones por un tiempo hasta que, de pronto, desaparecen de la pantalla. ¿La razón? Gente a su alrededor afirma que es muy difícil trabajar con esas figuras, pues exigen demasiado e, incluso, se atreven a cuestionar a los guionistas. Tristemente, nosotras solemos comportarnos así.

El proverbio de hoy nos habla de los ríos que tienen un curso, un lugar definido que recorren, y cuando se desbordan, causan estragos. Sin embargo, Dios ha creado un mundo tan coordinado que, tarde o temprano, el río vuelve a su cauce. Tristemente, en la vida nos desbocamos y nos rebelamos contra el curso trazado para el río o, dicho de otro modo, contra el guion de la película. Somos ríos caudalosos que se niegan a seguir una ruta.

En la historia de la humanidad, tú y yo somos personajes secundarios, aunque en el fondo queramos ser siempre protagonistas. El actor principal de la historia es Jesús, quien nos ha dado la salvación. Dios es el guionista, director y productor de la película, ¡y somos dichosas al ser una parte de esta gran y magnífica historia! Nuestra labor es, como dice el proverbio, ponernos en las manos de Dios.

Decide hoy no rebelarte al "papel" que Dios te ha dado en su gran historia. Tú y yo podemos hacer grandes cosas cuando nuestros propósitos y metas están guiados por Dios. Dejemos que Dios controle el cauce de nuestra vida y todo estará bien.

Señor, sé Tú quien dirija mi vida.
KO

Día 7

El rico y el pobre tienen esto en común:
a ambos los hizo el Señor.
Proverbios 22:2 NTV.

"Nadie de aquí rico va: lo que tenga aquí lo dejará", dice el refrán. En general, los dichos populares contrastan la pobreza y la riqueza, pero aquí se sobreentiende que, sin importar la economía, ¡no nos llevaremos nada a la otra vida!

Mira con atención este refrán: "Acomodarse con la pobreza es ser rico. Se es pobre no por tener poco, sino por desear mucho". Constantemente encasillamos a la gente según su nivel económico. Aunque la mayoría no seremos ni "ricos" ni "pobres" en el sentido técnico, este dicho da un nuevo giro a esas palabras. ¡Estar contentos con lo poco es tener abundancia! Y la pobreza interior resulta por vivir deseando tener más de lo que necesitamos.

Sea cual sea nuestra situación económica, ante Dios todos somos iguales. No vale más el que más posee. Tampoco debemos denigrar al que poco tiene. La Biblia nos enseña sobre los peligros del materialismo: "No amen el dinero; estén contentos con lo que tienen, pues Dios ha dicho: "Nunca te fallaré. Jamás te abandonaré" (Hebreos 13:5, NTV).

Nuestra verdadera fortuna no tiene precio, pero tiene gran valor. "Más vale lo poco de un justo que lo mucho de innumerables malvados" (Salmo 37:16). En este día, como dice un viejo himno, ¡cuenta tus muchas bendiciones! Seas rica o pobre, Dios te ha dado familia, amigos, la belleza de su creación, oportunidades nuevas cada día y, sobre todo, ¡su regalo de salvación!

Señor, gracias por las muchas riquezas que me has dado.
Como hija del Rey de reyes, las recibo con las manos abiertas.

MH

Dame, hijo mío, tu corazón,
y que tus ojos se deleiten en mis caminos.
Proverbios 23:26, LBLA.

A todos nos encanta recibir regalos, especialmente a las mujeres. Nos emocionan los diseños del papel, los diferentes tipos de moños, las tarjetitas y las sorpresas. Lo mejor de todo es recibir exactamente lo que queríamos: el libro o el perfume que deseábamos con tanta ilusión. Y aunque a veces también recibimos cosas que en realidad no nos gustan, fingimos una sonrisa y tratamos de tener la mejor actitud de agradecimiento.

Si tuviéramos que escoger un regalo para Dios, estoy segura de que trataríamos de darle algo que Él quiere. Pues bien, el proverbio de hoy nos da la pista: Dios quiere nuestro corazón. A veces tratamos de agradarle con otras ofrendas. Por ejemplo, involucrarnos en todas las actividades de la iglesia, repetir una oración muchas veces y dar el diezmo. Son cosas que seguramente Dios valora, y podríamos adornarlas con un papel hermoso y un moño enorme, pero lo que más desea nuestro Señor es que le amemos con todas nuestras fuerzas, mente y corazón.

En Isaías 29:13 Dios revela sus pensamientos: "Porque este pueblo se acerca a mí con su boca, y con sus labios me honra, pero su corazón está lejos de mí y su temor de mí no es más que un mandamiento de hombres que les ha sido enseñado" (RVR1960). Él desea que andar en sus caminos sea un verdadero deleite para nosotros.

Cuando le damos nuestro corazón a alguien, queremos pasar tiempo con él, agradarle, escucharle, y le demostramos ese amor con nuestras decisiones y acciones. Tu corazón es tu vida misma. ¿Se la has dado a Dios?

Dios, te amo y quiero decírtelo con cada latido de mi corazón.
MG

Día 8

Con sabiduría se construye la casa;
con inteligencia se echan los cimientos.
Proverbios 24:3, NVI.

Mis padres me dejaron como herencia una pequeña casa construida por mi abuelo. En la remodelación, tuve que raspar la pintura de unas siete u ocho capas, resanar agujeros, quitar clavos hincados, volver a pintar y escoger mosaicos y azulejos para el baño y la cocina. Y ahora que ya estoy viviendo en esta casita, ¡cómo la disfruto! Pero tengo un enemigo en contra: ¡la humedad! Mi abuelo no tenía los conocimientos de cómo evitar esta plaga. ¿Sabes cómo se hubiera evitado? ¡Con unos buenos cimientos!

En los tiempos antiguos, se tenía que buscar un lugar en donde hubiera piedras grandes para construir la casa encima. Se necesitaba un lugar con dureza suficiente para que los fenómenos de la naturaleza no destruyeran la casa construida. Hoy en día se hace un estudio del suelo para saber qué tipo de cimiento se debe usar. ¡La clave para una buena casa son los cimientos!

¿Por qué la Biblia habla tanto de los cimientos? Porque Dios se autodenomina la Roca Eterna, Piedra de ayuda, Piedra angular, Piedra preciosa, Piedra viva, Piedra de tropiezo, y quien decida descansar en Él, dará a conocer al mundo su gran sabiduría.

Tu vida y tu alma no tendrán estabilidad si no están sobre el cimiento perfecto que es Jesús. Ninguna tempestad podrá derribarte si has escogido estar sobre la Roca verdadera. Tu vida emocional, económica, familiar, laboral, intelectual y espiritual será sólida y bien fundamentada cuando decidas escoger a Jesucristo como tu fundamento.

Señor, te elijo a ti como el cimiento de mi vida.
En ti construyo mi existencia.
YF

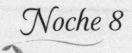

Noche 8

Decir mentiras acerca de otros
es tan dañino como golpearlos con un hacha.
Proverbios 25:18, NTV.

¡Qué revuelo hubo en la escuela cuando un chico fue golpeado por sus compañeros! Los padres de la víctima exigieron que los agresores fueran expulsados del colegio. Los padres de los agresores sintieron vergüenza y prometieron vigilar a sus hijos con más cuidado. Los culpables fueron suspendidos una semana. Pero observa lo que sucedió unos días después.

Una chica fue calumniada en las redes sociales por otras chicas. Los padres de la víctima propusieron que las agresoras fueran expulsadas del colegio. Los padres de las agresoras se sintieron ofendidos. ¡No era para tanto! ¿La resolución? Una advertencia verbal que se quedó en el olvido.

De acuerdo con el proverbio de hoy, ambos casos ameritan fuertes sanciones. Tanto causar un daño físico con los puños como el daño emocional de una mentira son acciones violentas que requieren atención. De hecho, la mentira tiene un terrible origen. En el evangelio de Juan leemos que el diablo "ha sido asesino desde el principio y siempre ha odiado la verdad, porque en él no hay verdad. Cuando miente, actúa conforme a su naturaleza porque es mentiroso y el padre de la mentira" (Juan 8:44, NTV).

La próxima vez que estemos a punto de decir una mentira —sea "pequeña" o "grande", sea "dicha" o "escrita"— recordemos que estamos sujetando un arma. Y, sin importar el tamaño del arma —una navaja o una espada, una pistola o una ametralladora—, decir mentiras acerca de otro puede "matarlo".

Padre, tú detestas la mentira. Quiero apartarme de ella porque no
solo me lastima a mí, sino a otros también.

KO

Día 9

Como la nieve no es para el verano ni la lluvia para la cosecha,
tampoco el honor es para los necios.
Proverbios 26:1, NTV

*E*xistió un verano extraordinario en 1816. Se convirtió en el año sin verano para millones en Europa y Estados Unidos. En este último, hubo nieve en junio y temperaturas bajo cero en julio. Las cosechas se perdieron y las condiciones se acercaron a la hambruna. Fue mucho después que científicos e historiadores determinaron que la causa había sido la erupción volcánica más grande de la historia. En efecto, el año anterior, el monte Tambora de Indonesia había echado millones de toneladas de polvo y ceniza al aire, lo cual cambió temporalmente el clima mundial.

El proverbio de hoy nos dice que así como es inaudito que nieve en verano, no es normal tampoco que se nombre a los necios. Desgraciadamente, en ocasiones se enaltece a personas groseras y necias. Entre ellas se encuentran algunos deportistas, artistas y políticos. Sin embargo, a la larga, los que llegan a tener más reconocimiento son los sabios, los rectos, los que respetan a los demás y los que influyen para bien.

¿A quién debemos honrar entonces? Se nos recomienda honrar a los mayores, pero también a los que trabajan predicando y enseñando sobre Dios (1 Timoteo 5:17). Para no traer nieve en verano, veamos a quién alaban nuestros labios.

En nuestras conversaciones, enfoquémonos a hablar de personas ejemplares y que nos inspiran. No traigamos el témpano frío de alguien que no vive rectamente en una cálida conversación de verano.

Señor, quiero tomar como ejemplo a los que merecen honor
y ser una persona digna de honor.

MH

Noche 9

El hombre saciado desprecia el panal de miel;
pero al hambriento todo lo amargo es dulce.
Proverbios 27:7, RVR1960.

En pleno siglo xxi ha surgido una nueva moda y su *hashtag* se ha convertido en tendencia. Se conoce como *tradwife* o esposa tradicional en español. Una *tradwife* es una mujer que puede tener una profesión, pero ha elegido dedicarse al cuidado de su familia y su hogar. Alena Kate Pettitt es una *tradwife*. Escribe su blog *The Darling Academy* y dice que este movimiento se trata de "someterte a tu esposo y consentirlo como si fuera 1959". Así que vemos mujeres horneando pasteles, limpiando y hasta alimentando a sus gallinas.

Aunque este movimiento tiene aspectos controversiales, consentir al esposo me parece buena idea. Una esposa, como ayuda idónea de su marido, puede satisfacer ciertas necesidades, dar reconocimiento, respeto, satisfacción sexual y apoyo doméstico, además de hallar en su hogar un oasis.

Proverbios 7 menciona a la mujer extraña que lisonjea con sus palabras. Dice que rindió al hombre con la suavidad de sus muchas palabras y "al punto se marchó tras ella, como va el buey al degolladero" (Proverbios 7:22 RVR1960). Posiblemente era un esposo "hambriento": desatendido sexualmente y menospreciado por su esposa.

Las casadas tenemos el reto de amar efectivamente a nuestra familia y estar pendientes de que, al salir por la puerta del hogar, salgan personas amadas, reconocidas y satisfechas. Martín Lutero dijo: "La esposa debe lograr que su marido se alegre de llegar a su casa, y él debe lograr que ella se lamente al verlo partir". Si eres casada, ¿consideras que tu esposo es un hombre saciado?

Señor, por favor, libra de tentación a mi esposo y ayúdame
a ser una esposa sabia.
MG

Día 10

*El propósito de los proverbios es enseñar sabiduría y disciplina,
y ayudar a las personas a comprender la inteligencia
de los sabios.*
Proverbios 1:2, NTV.

En la película *Christopher Robin, un reencuentro inolvidable*, Winnie Pooh le pide un globo a Christopher Robin, pero este titubea. ¿Para qué necesita un globo? Winnie responde: "Sé que no necesito uno, pero me gustaría mucho uno, por favor". Robin, al final, se lo compra, y Winnie se pone muy feliz.

En esta vida hay muchas cosas que deseamos, pero que no necesitamos. Cada vez que vamos a una tienda, la cantidad de cosas que nos gustaría tener sobrepasan por mucho lo que en realidad requerimos para sobrevivir. El proverbio de hoy nos muestra tres cosas que necesitamos: sabiduría, disciplina e inteligencia.

Los habitantes de la Palestina del primer siglo "querían" un mesías que los librara de los romanos. Anhelaban un libertador con espada en mano que destruyera a sus enemigos. En vez de eso, recibieron a Jesús sentado en un burro, y aunque al principio lo recibieron con fanfarrias, unos días después gritaban: "¡Crucifícale!". Muchos se perdieron de la mejor oportunidad de su vida por no reconocer que necesitaban a Jesús, aun cuando no fuera lo que deseaban.

En la sabiduría de Dios, que está registrada en la Biblia, encontraremos muchos consejos que no nos "gustarán". Algunas veces querremos rechazar la Sabiduría misma, la persona de Jesús, por no conformarse a nuestras "expectativas". Pero, así como el globo rojo de Winnie Pooh ha desaparecido al final de la película, las cosas temporales y superficiales, tarde o temprano se van. Pero la relación de Winnie Pooh con Christopher Robin continúa, aun sin el globo rojo. Aprendamos la lección. Lo que no necesitamos "desaparece". Nuestra relación con Jesús es lo único que dura.

*Padre, hay muchas cosas que quiero, pero
¿sabes qué realmente necesito? A ti.*

KO

Noche 10

Afina tus oídos a la sabiduría
y concéntrate en el entendimiento.
Proverbios 2:2, NTV.

Cuando unos cantantes de ópera no lograban dar con precisión ciertas notas que estaban en su rango, se contrató a un entrenador vocal. Después de hacer varias pruebas, el entrenador descubrió que estos cantantes no lograban cantar ciertas notas porque ¡no las oían! El problema no estaba en su voz, sino en sus oídos. ¿Acaso no nos pasa lo mismo?

Quizá nuestro problema para cantar la tonada divina está en que no escuchamos la voz de Dios. En otras palabras, estamos "desafinados" —atrapados en hábitos pecaminosos y ciclos negativos— porque no estamos en sintonía con lo que Dios dice. ¿Y cómo podemos escuchar su voz?

Dios habla a través de la creación, de las personas que nos rodean y de nuestra conciencia, pero nada se compara con la Biblia. Nada habla mejor a nuestra alma como la Escritura cuando la leemos y la meditamos. Abrir la Santa Biblia es como si Dios abriera la boca "para enseñarnos lo que es verdad y para hacernos ver lo que está mal en nuestra vida. Nos corrige cuando estamos equivocados y nos enseña a hacer lo correcto. Dios la usa [la Biblia] para preparar y capacitar a su pueblo para que haga toda buena obra" (2 Timoteo 3:16-17, NTV).

¿Lees la Biblia diariamente? ¿Tomas un tiempo para "masticar" lo que has leído? ¿Tratas de obedecer lo que allí encuentras? Entrena tu oído para escuchar la voz de Dios. Así como dice nuestro proverbio: "afina tus oídos". Amar a Dios con toda tu mente comienza con oír la verdad y, después, síguela.

"Santa Biblia, eres un tesoro para mí". Gracias, Señor,
por tu Palabra.

KO

Día 11

Sus caricias te satisfagan en todo tiempo.
Proverbios 5:19, RVR1960.

Una famosa canción que ha sido interpretada por Celine Dion y Barbra Streisand pregunta: "¿Cómo mantienes la música sonando? ¿Cómo la haces durar? ¿Cómo evitas que la canción se acabe tan rápido?". Este proverbio nos recuerda que la manera de mantener encendida la llama del amor marital está en las manos.

Las caricias son algo que todos apreciamos. Un abrazo, un roce, un apretón de manos o una palmadita en la espalda comunican mucho y nos pueden llenar de energía en un momento de debilidad o tristeza. ¿Cuánto más ese contacto físico debe estar presente en la relación voluntaria más cercana que un ser humano puede tener: el matrimonio?

Aunque no lo creas, tu esposo desea tus caricias. Tus manos pueden transmitirle el mensaje que él está anhelando escuchar de ti. En el Cantar de los Cantares, el esposo le canta a la mujer con palabras dulces lo que todas deseamos escuchar. Pero ¿cómo lo enamora ella? Con sutiles invitaciones al jardín donde sus manos hablarán más que sus palabras.

Todas hemos pensado en la posibilidad de que la música se acabe. El divorcio es hoy tan común que quizá no lo veamos como una tragedia, pero Dios lo ve de otro modo. Podemos hacer que la música perdure si, entre otras cosas, estamos dispuestas a ser cariñosas. La canción mencionada dice al final: "Si podemos ser los mejores amantes y aún ser los mejores amigos, si podemos intentarlo todos los días… entonces supongo que la música no terminará". Que así sea.

Señor, que mis caricias demuestren mi amor.

KO

Noche 11

Afina tus oídos a la sabiduría
y concéntrate en el entendimiento.
Proverbios 2:2, NTV.

En tiempos recientes, ha surgido el término *fake news* para describir esas noticias falsas que se propagan en las redes sociales. ¿Alguna vez has compartido una noticia interesante o alarmante, solo para descubrir después que no es verdad? Me ha pasado en varias ocasiones. Después siento pena por haber sido engañada tan fácilmente. Inmediatamente procuro borrar esas publicaciones de mi muro o avisar que fue un error.

Hace tiempo, terribles incendios arrasaban con las selvas de la Amazonia en Brasil. En Facebook apareció una noticia que muchos compartieron con alivio: ¡grandes aguaceros estaban apagando el fuego! Resultó que en ese momento era falso el reporte, y miles habían difundido ese dato antes de comprobar su veracidad. ¡Lo lamentable es que existen individuos dedicados a crear esas mentiras! El resultado de estas mentiras es confusión y, en ocasiones, alarma.

La mentira puede llevarnos a pecar, como lo hizo el principal engañador, Satanás, cuando dijo a Adán y Eva: "¡No morirán!" (Génesis 3:4, NTV). Las noticias falsas corren como un fuego incontrolado y, cuando se demuestra que no son verdad, ya es tarde para corregir la impresión original y resarcir el daño. Aun así, las personas que se dedican a difundirlas nunca dejan de mentir, tal como lo afirma el proverbio de hoy.

La mentira puede causar daño irreparable. ¡Parece que se propaga más rápido que la verdad! Investiguemos las fuentes para saber si son de fiar. Si nos equivocamos, hagamos todo lo posible por corregir la noticia falsa. ¡Seamos portadoras de la verdad!

Señor, líbrame de mentir y de difundir mentiras.
MH

Día 12

Hijo mío, sigue mi consejo.
Proverbios 7:1, NTV.

*U*n dicho popular reza: "Si no estoy pobre por falta de consejo". En otras palabras, si los consejos fueran dinero, ¡seríamos millonarias! ¿Cuántos consejos has recibido de tus padres a lo largo de tu vida? Lo complicado es seguir esos consejos, ¿cierto?

Imagino a José en la carpintería, cuando Jesús, siendo adolescente, aprendía el oficio. "Toma el martillo de esta manera", le instruía. "Fíjate en la dirección de las vetas de la madera antes de cortarla". Seguramente Jesús valoraba y obedecía sus consejos. Y probablemente le aconsejó en otras áreas de su vida también.

Años más tarde, el Maestro tuvo que dedicarse de lleno a los negocios de su Padre celestial. Allí fue obediente también. Dios se agradaba tanto de Él que un día se oyó su voz cuando dijo: "Éste es mi hijo amado en quien tengo complacencia" (Mateo 3:17, RVR1960). Llegó el día en que cumplir con la voluntad de su Padre implicaba dolor, sufrimiento, escarnio, sangre y muerte. Aun allí, sus labios dijeron: "Que se haga tu voluntad, no la mía" (Lucas 22:42, NTV). ¡Qué sublime ejemplo de obediencia!

Cuando los padres viven, es un privilegio contar con su sabia dirección aun cuando ya hemos crecido y tenemos nuestra propia familia. Si tu papá vive, atesora sus palabras y nunca lo menosprecies. Si solo vive en tu recuerdo, ten siempre presente que no eres huérfana; tienes un Padre celestial que te ama, te habla, te ilumina y te guía. Obedécele. ¡Sigue el ejemplo de Jesús!

Jesús, hoy quiero darte gracias porque me diste el mejor ejemplo de un hijo obediente. Quiero ser como tú.

MG

Noche 12

Tenemos buenos recuerdos de los justos,
pero el nombre del perverso se pudre.
Proverbios 10:7, NTV.

"Cría fama y échate a dormir, cría mala fama y échate a huir". Esta frase popular nos recuerda que nuestra reputación tiene que ver con nuestras acciones y tiene consecuencias, ya sean buenas o malas. ¿Cómo nos recordarán en el futuro?

Uno de los temas más populares para un ensayo es: "Describe a la persona a quien más admiras". En cuanto a mí, elegiría a una mujer que me sirvió de ejemplo por su carácter amable, su fe constante y su servicio cristiano. Era buena consejera, conocía la Palabra de Dios y sabía aplicarla. Era justa porque era verdadera seguidora de Jesucristo. Lo reflejó en la obra misionera que llevó a cabo con su esposo y en su trabajo como profesora universitaria.

Efectivamente "tenemos buenos recuerdos de los justos". La palabra para justo tiene varias facetas, tanto en hebreo como en español. En español se refiere al "que obra según la justicia, la moral o la razón". En la Biblia, se describe como una persona de andar recto y justificado delante de Dios. El patriarca Abraham "creyó al Señor, y el Señor lo consideró justo debido a su fe" (Génesis 15:6, NTV). Como cristianos, reconocemos que la verdadera justicia en nuestras vidas es un regalo inmerecido del Señor.

¿Quieres que tus hijos, tus amistades y tus parientes tengan un buen recuerdo de ti? Sigue el ejemplo de esas personas dignas de admiración para ser una persona como ellas. Vístete, más que todo, de la justicia de Cristo. Con su poder, toma decisiones que te lleven por el camino recto. Que tus palabras y tus acciones reflejen su presencia en tu vida.

Padre mío, permite que refleje a Cristo y su justicia el día de hoy.
MH

Día 13

Los ojos de Jehová están en todo lugar,
mirando a los malos y a los buenos.
Proverbios 15:3, RVR1960

*U*na noche fui a arropar a mis hijas a la hora de dormir. Una tenía cinco años y la otra tres. Yo deseaba transmitirles que Dios nos cuida a toda hora y en todo lugar, así que les dije: "Dios está en todas partes. Él está aquí ahora, en este cuarto, y Él mira todo lo que hacemos. No podríamos escondernos de Él. Si nos metemos al clóset, Él nos mira, y si nos metemos debajo de la cama, también". No me esperaba su reacción. Me miraban con los ojos bien abiertos, volteando alrededor, llenas de temor al tomar consciencia de la omnipresencia de nuestro Creador.

El temor de Dios es un sentimiento de respeto reverente. Es "el principio de la sabiduría". Es bueno estar conscientes de que Dios nos ve, pero no solo observa. Él toma acciones conforme a nuestros hechos. Para los malos "horrenda cosa es caer en manos del Dios vivo" (Hebreos 10:31, RVR1960).

Y ¿qué pasa cuando Él ve a los buenos? La Biblia dice: "Porque los ojos de Jehová contemplan toda la tierra, para mostrar su poder a favor de los que tienen corazón perfecto para con él" (2 Crónicas 16:9, RVR1960). Su objetivo es favorecernos, ¡mostrar su poder a favor de quienes viven en integridad!

En la medida en que leemos la Palabra de Dios y le vamos conociendo más cada día, nos damos cuenta de las dimensiones de su amor. Al mirar nuestra vida en el pasado descubrimos que el Buen Pastor siempre ha estado ahí para ayudarnos, bendecirnos, sanarnos y proveernos. ¿Qué te produce saber que los ojos de Dios te observan en todo momento?

Amado Dios, ve si hay en mi andar perversidad, y guíame
en el camino eterno.
MG

Noche 13

*Pon en manos del Señor todas tus obras,
y tus proyectos se cumplirán.*
Proverbios 16:3, NVI.

Cuando queremos realizar un proyecto y necesitamos la ayuda de un experto, buscamos al más calificado. Supongamos que vas a construir una casa. ¿A quién acudirás? Seguro que buscarás que alguien te recomiende el arquitecto perfecto. Querrás conocer las obras que ha hecho y oír de diferentes personas cuál ha sido su trayecto profesional. Probablemente, hasta intentarás comprobar por ti misma si lo que te dicen es verdad. No le puedes encargar a un inexperto la obra de tu casa.

Josh McDowell era un estudiante escéptico. No confiaba a nadie su vida. Es más, estaba dispuesto a probar que el cristianismo era mentira y que el Señor Jesús no era Dios y que no había resucitado. Investigó profundamente la historia y la Biblia hasta que reconoció que todo lo que él trataba de desmentir era verdad. Tuvo que verlo por él mismo. El trabajo de su investigación está recopilado en varios libros. Uno de ellos se llama *Evidencia que exige un veredicto*, en donde demuestra la deidad de Jesús y su resurrección.

Dios es confiable. Josh lo descubrió y puso en sus manos todas sus obras. Dios dice en Jeremías 29:13: "y me buscaréis y me hallaréis porque me buscaréis de todo vuestro corazón", pues Él está dispuesto a darse a conocer si así lo deseamos (RVR1960).

¿Quieres acudir al experto en vidas? Quizá estás experimentando dudas, pero busca a Dios con todo el corazón y te llevarás una grata sorpresa. ¡Él te está buscando a ti!

Gracias, Padre, por ser el experto en vidas.

YF

Día 14

Al hombre le parece bien todo lo que hace,
pero el Señor es quien juzga las intenciones.
Proverbios 21:2, DHH

Seguramente has comprado fruta que luce estupenda por fuera; de buen color, tamaño y textura. Al llegar a casa, la lavas y la rebanas. Entonces, ¡descubres que por dentro está desabrida o inmadura! ¡Qué decepción! El proverbio de hoy nos recuerda que a veces nosotros somos como esa fruta engañosa.

Delante de nuestros ojos, según nuestro criterio, somos buenas personas o estamos haciendo algo para el bien comunitario. Sin embargo, Dios ve más adentro y sabe que, detrás de las apariencias, se ocultan motivaciones erróneas. Quizá nos ofrecemos para ayudar con un evento con tal de quedar bien; o lisonjeamos para ganar favores; o sonreímos cuando por dentro estamos maldiciendo a la persona.

La Biblia nos recuerda que "no hay nada en toda la creación que esté oculto a Dios. Todo está desnudo y expuesto ante sus ojos; y es a él a quien rendimos cuentas" (Hebreos 4:13, NTV). Tal vez otros no adivinen por qué hacemos las cosas e, incluso, nos elogien por nuestras acciones. Sin embargo, nuestra alma está desnuda delante de Dios.

Por lo tanto, no solo tomemos este proverbio como una advertencia, sino también como un aliciente. Quizá tú, sin llamar la atención, estás ayudando a otros, atendiendo tu casa y esforzándote por tener relaciones sanas y de respeto, ¡Dios lo ve! No justifiquemos lo que hacemos, ni siquiera ante nosotras mismas. Que Dios examine nuestros corazones y encamine nuestras intenciones.

Señor, sondea mi corazón y no dejes que me engañe
por mi propia opinión.
KO

Noche 14

Así podrás conocer la verdad
y llevar un informe preciso a quienes te enviaron.
Proverbios 22:21, NTV

Una reina africana llegó con un gran séquito de sirvientes y una enorme caravana de camellos cargados con oro, piedras preciosas y especies. Esta muestra de grandeza iba de la mano con el monarca que iba a visitar. La reina de Saba se había enterado de la fama de Salomón y fue a visitarlo para ponerlo a prueba con preguntas difíciles. ¿Qué le preguntó?

Tal vez inquirió por los misterios de la naturaleza. Quizá habló de las cuatro preguntas vitales que todos debemos responder: de dónde venimos, para qué existimos, quién decide lo que está bien y mal, y qué pasa después de la muerte. La Biblia nos dice que Salomón tuvo respuestas para todas las preguntas que ella le hizo y nada le resultó demasiado difícil de explicar. Ella quedó atónita.

El proverbio de hoy nos recuerda que Dios tiene las respuestas a todas nuestras interrogantes. Como la reina de Saba, necesitamos buscarlo y hacer nuestras preguntas. Si no lo hacemos, nada averiguaremos. Estoy segura de que cuando escuchemos lo que Dios tiene para decir, diremos como la reina: "¡Todo lo que he oído de ti, Señor, es cierto! Tu sabiduría y prosperidad superan ampliamente lo que me habían dicho".

La reina de Saba regresó cargada de regalos generosos y llevó un informe de regreso a su tierra: en Israel había un rey con un Dios increíble. Tú y yo podemos conocer a ese Dios. Habla con Él de todo lo que tengas en tu mente y así podrás conocer la verdad.

Señor, disipa mis dudas.

KO

Día 15

La crítica constructiva es, para quien la escucha,
como un pendiente u otras joyas de oro.
Proverbios 25:12, NTV

La joyería de fantasía es solo eso, ¡una falsedad! Son aretes, collares o pulseras que parecen de oro, plata o piedras preciosas, pero que en realidad están hechos de materiales de poco valor.

A mi hija le gusta hacer pulseras y collares con cuentas de plástico. Si voy a una boda, prefiero usar un collar de perlas o una cadena de oro. Pero para el día a día no me incomoda usar las pequeñas "joyas" que mi hija ha confeccionado. En ambos casos, me adornan.

El proverbio de hoy nos dice que escuchar la crítica es como usar joyas. La crítica es la opinión que emitimos después de analizar una situación. ¿Qué diferencia hay entre la constructiva y la destructiva? La intención es lo que cuenta. ¿Para qué compartimos una evaluación: para desanimar al otro o para que el trabajo mejore? El propósito de la crítica destructiva siempre será detener el progreso del otro. El que da una crítica constructiva busca "ayudar a otros a hacer lo que es correcto y edificarlos en el Señor" (Romanos 15:2, NTV).

Aprende de las críticas de "oro" que surgen de corazones que te aman y buscan tu bien. Siempre acepta y atesora la crítica constructiva, pero también saca provecho de las críticas de "plástico" que surgen de la envidia. Busca discernir, pero también aprovecharlas para ser una mejor persona. Adórnate con las joyas que vienen de un corazón sabio que aprende de la crítica.

Padre, no quiero solo escuchar las cosas buenas de lo que hago o cómo lo hago, sino también aquello que me ayude a mejorar.

KO

Noche 15

*Entrometerse en los pleitos ajenos es tan necio
como jalarle las orejas a un perro.*
Proverbios 26:17, NTV

¿Has escuchado la palabra *metomentodo*? Es un sinónimo de chismoso o entrometido. Estos términos se refieren a la persona que quiere saber los asuntos personales de los demás y a menudo quiere "meter su cuchara" y opinar también. En nuestra cultura, cuando alguien hace preguntas o expresa opiniones acerca de lo que no le incumbe, en ocasiones le contestarán: "¿Qué te importa?".

Es fácil dar consejos a otros sobre hijos, matrimonio y moda. Sin embargo, muchas veces nuestros consejos, y nuestra experiencia en relaciones humanas ayuda muy poco.

El proverbio de hoy nos recalca que nos cuidemos de meternos en las contiendas de los demás. Otra versión se expresa así de los metiches: "se deja llevar de la ira en pleito ajeno" (RVR1960). Es peor si tomamos lados en una discusión, dominados por el enojo. Si agarramos a un perro por las orejas, nos metemos en problemas, causamos dolor y lo más probable es que nos muerda.

¿Es demasiado fácil para nosotras interesarnos en los asuntos de otros y opinar, cuando nadie nos está pidiendo un consejo? Cuidado: podemos hacer un juicio y favorecer a una de las personas involucradas en un pleito, sin conocer otros puntos de vista. Con la ayuda del Señor, podemos mantenernos calladas y hacer algo mucho más importante: interceder por ellos y ¡ver lo que Dios puede hacer!

*Padre, me cuesta no entrometerme en los asuntos de otros; enséñame
a ponerlos en tus manos.*

MH

Día 16

Donde no hay dirección sabia, caerá el pueblo;
mas en la multitud de consejeros hay seguridad.
Proverbios 11:14, RVR1960

Existe una organización internacional de líderes globales llamada "The Elders" o "Los Mayores" en español. Fueron reunidos por Nelson Mandela y ofrecen su influencia y experiencia colectiva para resolver problemas mundiales relacionados con la paz, los derechos humanos y la pobreza, por mencionar algunos. La mayoría de sus integrantes han recibido el Premio Nobel de la Paz. Estas personas han demostrado con su trayectoria, que pueden liderar con su ejemplo y que han sido capaces de crear cambios sociales.

Todo gobierno, iglesia, familia y persona, necesita líderes sabios que los guíen por la dirección correcta. Los consejeros son una necesidad para solucionar los problemas individuales y colectivos. Los han tenido los reyes, los presidentes y toda persona que reconoce la importancia de tomar no una buena decisión, sino la mejor.

Uno de los nombres de Jesús es Consejero (Isaías 9:6). Él nos ha dejado en su Palabra, nuestra lámpara, los consejos que necesitamos para ver con claridad. Si queremos los mejores consejos, solo pueden venir de quien todo lo sabe, todo lo ve y todo lo puede.

¿Has pensado que puedes compartir esa luz con otros? A veces te tocará estar en la silla del aconsejado y otras posiblemente te toque aconsejar. Es un trabajo necesario e importante. Que nuestra sabiduría provenga del Consejero divino.

Señor, ayúdame a dar consejos sabios.
MG

Noche 16

El justo sabe que sus animales sienten,
pero el malvado nada entiende de compasión.
Proverbios 12:10, DHH

Desde que el Señor le dio a Adán el dominio sobre todas las cosas en la tierra, el hombre ha aprovechado esto para mostrar la crueldad que anida en el fondo de su corazón. Las matanzas y cacerías indiscriminadas son muy comunes. En estos últimos años, se han formado hay organizaciones que luchan por los derechos animales. En algunos países se ha prohibido la cacería de ciertas especies y el uso de animales en los circos.

Me dio mucha tristeza ver el video de una perrita ciega y embarazada que había sido golpeada y abandonada en la montaña. ¿Puedes creer que esto lo hizo un ser humano? Por dicha, una familia la encontró y llamó a los rescatistas de animales, que llevaron a esta perrita al hospital. Los bebés estaban muertos, así que la primera cosa que hicieron fue sacarlos y esperar a que el animalito se restableciera. Después se encargaron de las fracturas y, gracias a la bondad de estas personas, también pudieron salvarle un ojo. Hoy, la pequeña está a salvo con una familia que la adoptó y le da mucho cariño.

El justo sabe que sus animales sienten. Es innegable que las expresiones de dolor y amor en los animalitos son capacidades que Dios les dio para comunicarse con nosotros. Solo mentes retorcidas no pueden ver esta maravilla.

No necesitamos formar parte de una organización como estas, pero sí tenemos la responsabilidad de ayudar a las vidas en peligro que pueblan la tierra. Si nos consideramos justas, hijas de Dios, nuestra obligación es ayudar a los indefensos, incluyendo los animales. ¡Amemos la creación de Dios!

Señor Creador, hazme una embajadora de tu creación.
YF

Día 17

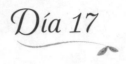

Las personas sabias piensan antes de actuar;
los necios no lo hacen y hasta se jactan de su necedad.
Proverbios 13:16, NTV

Cinco horas de sueño no son suficientes. Los médicos y expertos en el tema nos indican que requerimos de, por lo menos, ocho horas de sueño ininterrumpido para funcionar. Sin embargo, nos desvelamos como si nada nos fuera a suceder. Actuamos como si fuéramos hechas de otro material. Aún más, nos jactamos frente a otros de ello. ¿No es insensato?

Recuerdo que de joven parecía una competencia en la universidad. ¿Quién había dormido menos? ¿Quién aguantaba más sin dormir? La insensatez, traducida también como necedad, se identifica por una falta de prudencia y madurez que muchas veces vemos en otros, pero no en nosotras mismas. Sin embargo, haríamos bien en analizarnos. Fumar y pensar que no nos dará cáncer, maltratar a nuestro subordinado y esperar lealtad, consumir comida chatarra y no planear engordar, son ejemplos de una evidente carencia de sensatez.

Jesús usó el ejemplo de un hombre que construye una casa sobre la arena, sin cimientos ni previsión para las lluvias. El hombre fue necio, insensato e imprudente. Meneamos la cabeza al leer que su casa se derrumbó y nos decimos: "Lo sabía". Pero ¡en cuántas cosas somos ciegas a nuestra propia necedad!

¿No menea el médico la cabeza cuando nos quejamos de bajo rendimiento o debilidad física y luego confesamos que dormimos entre cuatro y cinco horas diarias? Analicemos en qué áreas mostramos insensatez y corrijamos. Como dice nuestro proverbio de hoy, los sabios piensan antes de actuar.

Señor, tengo hábitos que no son saludables y que me niego a dejar
aun cuando sé que sería sensato hacerlo. Dame fuerzas para dejarlos.

Noche 17

Todos los días del afligido son difíciles;
mas el de corazón contento tiene un banquete continuo.
Proverbios 15:15, RVR1960

Irma nació en una familia numerosa de escasos recursos. En sus pláticas, siempre menciona sus carencias y su resentimiento hacia el padre que los abandonó, y a sus cincuenta años, sigue soltera. A Rosa le encantó tener muchos hermanos porque podían hacer equipos para jugar y, aunque extraña la camaradería, ahora ha formado su propia familia. Lo curioso es que ellas son hermanas. Vivieron las mismas experiencias, pero si les muestras un vaso con un poco de agua, Irma opina que es un vaso medio vacío y a Rosa le parece que está medio lleno.

El optimismo y el pesimismo son actitudes. Una es negativa y la otra positiva. Lo importante es notar que no se trata solamente de quién la pasa bien y quién la pasa mal. En realidad, estas actitudes determinan la capacidad de adaptación y la plenitud de vida de una persona.

Irma y Rosa vivieron una niñez complicada, pero Rosa imitó la actitud del profeta Habacuc que decidió: "Aunque las higueras no florezcan y no haya uvas en las vides, aunque se pierda la cosecha de oliva y los campos queden vacíos y no den fruto, aunque los rebaños mueran en los campos y los establos estén vacíos, ¡aun así me alegraré en el Señor!" (Habacuc 3:17-18, NTV). Podemos tener algo mejor que un corazón contento, ¡podemos tener un corazón gozoso!

Cuida tu relación más importante: tu relación con Dios. Lee la Biblia, ten conversaciones largas con Él en oración. Cada día reconoce y confiesa tus errores, cántale y obedece sus mandamientos. Es la mejor manera de experimentar su plenitud. Experimenta una actitud optimista al ver las cosas como Dios las ve.

Tu gozo, oh, Dios, es la fortaleza de mi vida.
MG

Día 18

Muchos hombres proclaman cada uno su propia bondad,
pero hombre de verdad, ¿quién lo hallará?
Proverbios 20:6, RVR1960

En la novela *El gran Gatsby*, Jay Gatsby, un millonario, miente todo el tiempo. Miente sobre el origen de sus riquezas, su vidaamorosa e, incluso, dice que ha leído todos los libros en su biblioteca, lo cual no es verdad. Miente tanto, y con tanta frecuencia, que hoy su personaje es una referencia para muchos hombres que pretenden ser algo que no son. Nuestro proverbio dice que muchos prometen ser honrados, ¿pero hay algún hombre digno de confianza?

Este versículo parece que es la contraparte de Proverbios 31:10 donde se nos pregunta: "Mujer virtuosa, ¿quién la hallará?" (RVR1960). Los hombres buscan una mujer ejemplar. Las mujeres necesitamos un hombre leal y digno de confianza. ¿Dónde encontrarlo? ¿No será esta la pregunta en la mente de muchas mujeres solteras?

Tenemos el ejemplo por excelencia: el Señor Jesús. ¿Qué debes buscar en una pareja? Si el varón tiene un corazón obediente a la Palabra y ama al Señor con todo su corazón, la chica no tendrá de qué preocuparse: su futuro estará asegurado. Tendrá un hombre que la amará como Cristo ama a la Iglesia; alguien que la tratará como a vaso frágil y como coheredera de la gracia de la vida.

¿Quieres un hombre de verdad? Pues empieza por gastar tiempo en oración para que el Señor lo envíe a tu vida. Y en tu lista de prioridades al buscar pareja, incluye a un hombre sincero, digno de confianza. Recuerda que solo alguien con Dios en su vida puede mostrar este rasgo de carácter.

Padre, te pido hoy por mi pareja. Prepárame para ser la persona
que él necesita; y que él sea un siervo tuyo.

YF

Noche 18

Hacer justicia y juicio es a Jehová
más agradable que sacrificio.
Proverbios 21:3, RVR1960

En los templos de la diosa Kali, al sur de la India, se celebra al dios Garuda Colgado. En el festival anual, los fieles son colgados de ganchos que traspasan la piel de su espalda y la parte posterior de sus piernas. En un andamio móvil, avanzan en procesión al templo, mientras que los otros penitentes rezan, bailan y cantan. Las imágenes no son nada agradables, pero quizá no estamos muy lejos de ser como ellos.

Todo ser humano busca ganarse el favor divino, sin importar la religión. Algunos hacen peregrinaciones y otros ofrendan; incluso los que confiesan no creer en nada, se privan de cosas en ciertas temporadas en la espera que sus sueños se hagan realidad o el destino les sonría. Pero el proverbio de hoy nos recuerda que hay algo más importante que los sacrificios.

Imagina que un devoto de Kali, después de su piadosa demostración, se baja de los ganchos y discute con su esposa, roba unas monedas ofrendadas a la diosa y las gasta en intoxicarse con alcohol. ¿De qué valió tanto espectáculo? Ese es el punto que Dios quiere mostrarnos. Lo importante no es lucir religioso, sino practicar lo que Dios dice (Santiago 1:22).

A Él le interesa un corazón humilde y arrepentido, más que muestras externas e hipócritas. No caigamos en la trampa de hacer cosas para ser vistos por otros, mientras que en nuestro interior no hay bondad ni amor. Hagamos lo que es correcto y agradaremos a Dios. Para Dios vale mucho más una vida limpia y honrada que "colgarnos de ganchos".

Señor, ayúdame a practicar la rectitud y no fingir.
KO

Día 19

Con conocimientos se llenan sus cuartos
de objetos valiosos y de buen gusto.
Proverbios 24:4, DHH

Tengo muchos cuadros bellos en las paredes de mi casa y otros con buenos mensajes que quería que vieran los que me visitan. Tengo fachadas de cerámica que yo misma pinté y recuerdos de los lugares que he visitado que adornan los muros del lugar en que vivo. Me da gusto que cada persona que viene me dice lo bonita que está mi casa. Todas estas cosas preciadas las he venido coleccionando desde hace mucho tiempo y ahora que tengo mi lugar propio, puedo adornarlo con ellas.

Cuando la Palabra de Dios habla de llenar de objetos valiosos y de buen gusto los cuartos, hace referencia a las habitaciones de nuestro corazón. ¡Hay que llenarlas de conocimientos valiosos! Así como adornamos nuestra casa con cosas lindas, los conocimientos escogidos y atesorados adornarán lo profundo del corazón.

Pablo dice: "Y ciertamente, aun estimo todas las cosas como pérdida por la excelencia del conocimiento de Cristo Jesús, mi Señor" (Filipenses 3:8, RVR1960). Conocer a Cristo es lo excelente. Cuando investigamos o preguntamos a personas sabias lo que no entendemos de la Biblia, estamos atesorando objetos valiosos y de buen gusto que los demás van a alabar cuando salgan de nuestra boca.

Necesitamos llenar el corazón de buenas enseñanzas y de versículos bíblicos que van a fortalecernos en los tiempos precisos. Serán los adornos que embellezcan nuestra presencia ante los demás. ¡Adorna hoy las habitaciones de tu corazón!

Padre, sé que de la abundancia de mi corazón, habla la boca.
Que haya en mi alma adornos agradables.

YF

Noche 19

El consejo oportuno es precioso,
como manzanas de oro en canasta de plata.
Proverbios 25:11, NTV

De acuerdo con un sitio web, esta canción ha sido grabada más de 6,600 veces. La oímos en funerales y después de tragedias como el 11 de septiembre del 2001. Se ha cantado durante la pandemia del 2020 y se escucha en labios de cristianos y no cristianos, así como en distintos idiomas. Nos referimos al himno *Sublime Gracia*, pero ¿de dónde surgió?

John Newton, su compositor, no siempre fue un cristiano. Después de ser un rudo hombre de mar que contrabandeaba esclavos, conoció a Cristo y su vida cambió. Pero su caminar con Dios empezó mucho antes. Comenzó a los pies de su madre, Elizabeth Newton, quien era una cristiana comprometida. Elizabeth estaba enferma de tuberculosis, y decidió aprovechar el tiempo con su pequeño hijo hasta que murió cuando ella tenía 27 años y él tan solo siete. Elizabeth leyó la Biblia y enseñó de Jesús a su hijo en sus años más importantes: la infancia. John diría después que lo que su madre le comunicó desde pequeño se quedó grabado en su corazón hasta dar fruto. Se cumplió este proverbio y la Escritura que nos anima como madres a instruir a nuestros hijos desde pequeños (Proverbios 22:6).

Si eres una madre joven, aun entre la locura de cambiar pañales y limpiar manitas sucias, no pierdas la oportunidad de leer la Biblia con tus hijos y hablarles de Dios en todo momento. No sabemos cuánto tiempo tengamos en este planeta, así que cada minuto es valioso. Si tienes un hijo que se ha alejado de Dios, no desesperes. Sigue dando consejo oportuno y confía que algún día ese corazón comprenderá que Dios lo ama.

Padre, que mis palabras sean dichas como conviene, en la niñez
y la juventud de mis hijos, para grabar en ellos tu Palabra.
KO

Día 20

Guía al caballo con el látigo, al burro con el freno,
¡y al necio con la vara en la espalda!
Proverbios 26:3, NTV

¿*S*abías que no existían las bestias de carga en América hasta que llegaron los españoles? En el México antiguo se acostumbraban los "tamemes" u hombres cargadores. Los primeros cuatro asnos o burros llegaron a La Española con Cristóbal Colón. ¿Has viajado en alguno de estos animales?

Cuando participaba en una capacitación misionera en la selva de Chiapas, nos tocó hacer una caminata difícil de veinte kilómetros, en la que se hundían nuestros pies en el fango del sendero. Era tan agotador que nos alegrábamos cuando nos tocaba nuestro turno en alguna de las mulas. Pero a la vez me asustaban estas cuando subíamos por caminos empinados o cuando se portaban tercas y no querían avanzar. Por eso se necesitan frenos y látigos para que obedezcan.

Así como hay animales que solo obedecen con el uso de la fuerza, hay humanos necios también. En los tiempos bíblicos, existía el castigo corporal. Si no había otra forma de que aprendieran, sufrían dolor. En el siglo XXI, en muchos países está penado golpear a las personas, pero ante la necedad se necesitan medidas fuertes para poner un alto.

Sabemos que si nos comportamos de forma egoísta y rebelde, Dios puede usar una enfermedad, un accidente o la pérdida del trabajo para llamarnos la atención. No toda prueba tiene ese propósito, pero si hemos hecho algo que desagrada al Señor, ¡debemos saberlo! No seamos como animales que requieren de "un látigo" para hacer caso. Escuchemos la voz del Espíritu de Dios que nos guía con ternura.

Padre mío, a veces soy una hija que no te hace caso.
Hazme entender y obedecerte.

MH

Noche 20

Gotera continua en tiempo de lluvia
y la mujer rencillosa, son semejantes.
Proverbios 27:15, RVR1960

Una frase popular en mi ciudad dice: "Pareces jarrito de Amozoc". Se lo decimos a una persona demasiado sensible que se enoja o guarda rencor por asuntos de poca importancia. Decimos que está "sentida" cuando su corazón se ha agrietado y se rompe con facilidad, así como un jarrito de barro.

Una persona rencillosa es peleonera, pero la raíz de su enojo proviene del rencor. Rencor es el resentimiento que persiste aunque pase el tiempo. Es como si la persona tuviera una caja fuerte en su corazón donde guarda palabras que la lastimaron, ofensas y traiciones. Pero la tiene bien cerrada porque no desea olvidar ni perdonar lo sucedido. Incluso, a veces abre la caja y contempla todo lo que ahí ha guardado, lo que contribuye a mantener abiertas las heridas de su alma.

Marcos 11:25 nos da la cura para este corazón: "Cuando oren, perdonen todo lo malo que otra persona les haya hecho. Así Dios, su Padre que está en el cielo, les perdonará a ustedes todos sus pecados" (TLA). La oración cura los recuerdos. Hay dolores que solo Dios puede ir sanando y el perdón es el mejor ungüento cicatrizante.

La mayoría de las personas deseamos que nuestra compañía resulte agradable, sobre todo para las personas que habitan el mismo techo que nosotras. ¿Guardas algo en la caja fuerte de tu corazón? Decide vaciarla y dejar el pasado atrás.

Señor, abro mi corazón para que Tú saques todo lo que lastima.
Sana mis heridas. Hoy decido perdonar a… por…
MG

Día 21

Honra a Jehová con tus bienes…
y serán llenos tus graneros con abundancia.
Proverbios 3: 9-10, RVR1960

¿Qué puedes obsequiarle a alguien que lo tiene todo? Esto se preguntaba la duquesa de Cambridge cuando pasaron la Navidad con la reina Isabel II, abuela de su esposo. Pensó en lo que regalaría a sus propios abuelos y entonces decidió preparar algo ella misma. Hizo chutney casero, una salsa dulce y picante originaria de la India y muy popular en Reino Unido. "Estaba bastante preocupada, pero al día siguiente me di cuenta de que lo habían puesto en la mesa" dijo en su primera entrevista televisiva.

Algo parecido ocurre cuando pensamos en darle algo a nuestro Creador. No hay nada que le puedas dar a Dios que Él necesite. Pero cuando le das una ofrenda, estás diciendo: "Dios, te amo, estoy pensando en ti. Tú eres prioridad en mi vida". dice Rick Warren. Ofrendar y diezmar son un acto de adoración. Dios no quiere nuestras sobras, quiere ser prioridad en nuestras vidas. Cuando lo hacemos, vemos las promesas de Dios cumplirse.

Malaquías 3:10 es una promesa: "Traigan íntegro el diezmo para los fondos del templo, y así habrá alimento en mi casa. Pruébenme en esto, dice el Señor Todopoderoso, y vean si no abro las compuertas del cielo y derramo sobre ustedes bendición hasta que sobreabunde" (NVI). Cuando Él ve que deseamos obedecer su Palabra, aun en el área de nuestras finanzas, nos dice: "Te bendeciré".

Nuestro Padre siempre nos da mucho más de lo que imaginamos. El Rey de reyes proveerá conforme a las riquezas de su gloria.

Que mi ofrenda despida un olor fragante para Ti.
MG

Noche 21

Con toda diligencia guarda tu corazón,
porque de él brotan los manantiales de la vida.
Proverbios 4:23, NBLA

Marcela era mamá soltera. El hombre con quien había tenido dos niñas, la había abandonado por otra mujer y su corazón sentía amargura en contra de él. Cuando Marcela conoció el evangelio, quiso seguir a Cristo y que sus niñas también lo amaran. Su relación con Dios al principio fue muy fuerte y estable. Pero había rencor y amargura en su corazón contra el que la había engañado y aunque necesitaba depender del Señor y aprender sabiduría, decidió darle el corazón a alguien que le prometió la luna y las estrellas una vez más. ¿Funcionó?

Ella pensaba que por fin se iban a arreglar su situación económica y sentimental, pero su nueva pareja solo se aprovechó de la situación y después de un tiempo, empezaron los problemas y se separaron. Por tercera vez, decidió confiar en otro hombre con el cual tuvo la misma suerte. Se alejó del Señor y su vida ha pasado por más y más momentos de desengaño.

Estoy convencida de que este versículo se escribió para advertirnos sobre el peligro de dar el corazón sin pensar. Con cuánta razón el Señor nos dice que guardemos el corazón. ¡No podemos dárselo a cualquiera sin antes asegurarnos de que estará en buenas manos!

Probablemente has pasado por algún desengaño también. Y si has llegado a pensar que ningún hombre es digno de tu corazón, tienes razón. Solo el mismo Señor que lo creó es digno de él. Entrégaselo y ámalo por sobre todas las cosas. Ya verás que Él se encargará de cuidarte y mostrarte su amor todos los días.

Señor, que mi corazón esté escondido en ti, para que cuando un
hombre me encuentre, te encuentre primero a ti.

YF

Día 22

Vi entre los simples, consideré entre los jóvenes,
a un joven falto de entendimiento.
Proverbios 7:7, RVR1960

M artha, una chica cristiana, inició una relación de noviazgo con un chico que conoció en la iglesia. A los pocos días él se fue a estudiar a otra ciudad. Un día que platicaban por teléfono, él le contó que sus nuevos amigos le dieron la bienvenida con una prostituta. El chico se jactaba de sus nuevas aventuras, presionando a Martha para darse ella como un regalo semejante la próxima vez que se encontraran. Ella se dio cuenta de que no era un joven que amara a Dios y afortunadamente terminó su relación con él. Este chico es semejante al joven simple y falto de entendimiento de Proverbios 7, que envuelto por las palabras de una bella pero fatua mujer casada cayó en las redes del pecado sexual.

Años más tarde, Martha tuvo el cuidado de conocer muy bien al muchacho con el que finalmente se casó. Se aseguró de encontrar evidencia de integridad en su vida. Mateo 7:15-16 dice: "Por sus frutos los conoceréis. ¿Acaso se recogen uvas de los espinos, o higos de los abrojos?" (RVR1960).

Uno de los negocios clandestinos más redituables en la actualidad son las casas de prostitución y trata de blancas. Estos no existirían si no hubiera alta demanda. Oremos por las mujeres atrapadas en estas redes y estemos alerta de la tentación que esto implica para los varones. Pide sabiduría para elegir una pareja que demuestre con hechos ser una persona con temor de Dios.

Señor, estamos en el mundo, pero no somos del mundo.
Que mi luz brille en la oscuridad que prevalece.
MG

Noche 22

Yo soy la inteligencia; mío es el poder.
Proverbios 8:14, RVR1960

¿Recuerdas a Moisés delante de la zarza que no se consumía? Dios le da un encargo, pero él se siente tan inseguro que empieza una serie de excusas y preguntas. Una de esas preguntas es: "Si llego con los israelitas y me preguntan cuál es el nombre de dios, ¿qué les digo?". Dios le contesta: "YO SOY EL QUE SOY. y así les dirás: YO SOY me envió". Algunos piensan que Dios no quería dar su nombre, pero en realidad YO SOY es un nombre perfecto. Nuestro Dios vive siempre en el presente. En alguna ocasión oí que para Él no hay pasado ni futuro. Él es YO SOY.

Hay algo especial cuando Moisés, en Deuteronomio 4:15, le dice al pueblo de Israel: "Guardad, pues, mucho vuestras almas; pues ninguna figura visteis el día que Jehová habló con vosotros de en medio del fuego" (RVR1960). Dios no quería una imagen de Él. ¿Por qué? Porque la imagen perfecta de Dios, y la única que tenemos que recordar, es el Señor Jesús.

Jesús es la imagen de Dios y también es el YO SOY. ¿Recuerdas lo que dijo? Yo soy la vid. Yo soy el pan de vida. Yo soy la puerta. Yo soy el camino. Pero casi se nos olvida nuestro versículo de hoy: "¡Yo soy la inteligencia, mío es el poder!". En nuestro camino de búsqueda por sabiduría no olvidemos acudir al YO SOY eterno, la fuente de toda inteligencia.

No te equivoques. No sigas a nadie más. Ningún otro ser creado es capaz de llenar la grandeza de esta expresión, solo nuestro Señor Jesús.

Señor Jesús, gracias porque eres el gran YO SOY.

YF

Día 23

Envió a sus sirvientes para que invitaran a todo el mundo.
Proverbios 9:3, NTV

El explorador británico Ernest Shackleton reclutó a su tripulación con el siguiente anuncio en un periódico de Londres: "Se buscan hombres para un viaje peligroso. Poca paga, frío intenso, largos meses en completa oscuridad, peligro constante, regreso a salvo en duda. Honor y reconocimiento en caso de éxito". Aun así, logró juntar a un grupo increíble, y su historia de sobrevivencia aún es conocida.

En el proverbio de hoy, la Sabiduría ha preparado un banquete y ha enviado a sus sirvientes a invitar a todo el mundo. Este anuncio es aún más inclusivo que el de Shackleton, pues no añade una preferencia en cuanto a género, edad, estado civil u ocupación. ¡Es para todos! De hecho, en el siguiente versículo dice que en cuanto más ingenuos y faltos de juicio somos, ¡más bienvenidos seremos!

Shackleton no embelleció su anuncio para atraer a las personas, y la Biblia tampoco lo hace. El mensaje de la sabiduría nos recuerda que el camino recto está lleno de peligros. Tendremos aflicción. Vendrán días buenos y malos. No estaremos exentos de enfermedad o crisis financieras. Quizá nos toque un terremoto, un huracán o un tsunami. Sin embargo, Jesús, quien nos invita, añade una cláusula que no debemos olvidar: "Y tengan por seguro esto: que estoy con ustedes siempre, hasta el fin de los tiempos" (Mateo 28:20, NTV).

La vida no es sencilla. Ninguna existencia está libre de pruebas, problemas y discusiones. Nadie podrá evitar la enfermedad o la muerte de un ser querido. La sabiduría, sin embargo, nos invita a su banquete donde hay una gran diferencia: la presencia de Dios con nosotras, en las buenas y en las malas. ¿La aceptas?

Señor, acepto tu invitación. Gracias porque estarás siempre conmigo.

KO

Noche 23

La bendición del Señor enriquece a una persona
y él no añade ninguna tristeza.
Proverbios 10:22, NTV

El principal crítico de arte en Inglaterra en 1876, John Ruskin, creía que Lilias Trotter podría ser una de las más afamadas pintoras de la época si se dedicaba a ello. Sin embargo, Dios tenía otros planes para ella. Lilias comprendió que no podía dedicar su vida al arte y al mismo tiempo buscar el reino de Dios, así que siguió el llamado de su Señor y viajó a Argelia como misionera. ¿Fue un desperdicio?

Quizá lo fue a los ojos de Ruskin, pero su trabajo con niñas y mujeres en Algeria dejó su huella. Durante cuarenta años trajo luz y vida al pueblo árabe musulmán. Su arte aún nos conmueve pues siguió pintando escenas de su vida y de la naturaleza, y sus escritos nos traen consuelo.

Nuestro proverbio de hoy nos dice que la bendición de Dios trae verdaderas riquezas. Esas riquezas quizá no se traducen en cosas materiales sino en corazones que hemos alcanzado y vidas que hemos tocado. El proverbio concluye diciendo que Dios no añade tristeza, pues lo que nos da viene como una bendición divina. La pregunta es: ¿sabemos discernir las bendiciones de Dios?

Lilias pudo haber tenido muchas pinturas en una galería, pero prefirió buscar a las almas perdidas. Tuvo dificultades y enfermedades, y su ministerio no estuvo exento de dolor. Pero la bendición de Dios, una que no trae consigo pena, la acompañó hasta su muerte.

Señor, gracias por las bendiciones que me das.
Ayúdame a reconocerlas.
KO

Día 24

Abominación son a Jehová los perversos de corazón;
mas los perfectos de camino le son agradables.
Proverbios 11:20, RVR1960

*L*os seres humanos buscamos agradar a las personas que consideramos importantes o de un rango superior al nuestro. Los pueblos conquistados por un Faraón enviaban sus tributos para congraciarse con él. Los aztecas sacrificaban hermosas doncellas para agradar a sus dioses. En el medioevo, la función de un bufón en el palacio era hacer reír al rey para mantenerlo contento. Actualmente, los devotos de la virgen de Fátima en Portugal o de la virgen de Guadalupe en México recorren largos trechos de rodillas para ganar su favor o cumplir una promesa.

Nuestro buen Dios no nos pide nada de eso. Él se agrada de los que caminan en integridad. Tanto agradó a Dios Padre que Jesús se hiciera bautizar por Juan que se escuchó su voz expresando su complacencia.

"Porque misericordia quiero, y no sacrificio, y conocimiento de Dios más que holocaustos" dice Oseas 6:6 (RVR1960). De nada sirven los azotes y latigazos que se dan algunas personas en Semana Santa. Ni siquiera los ayunos cuando albergamos iniquidades como "pecados chiquitos" y "mentiritas blancas".

"Ésta es mi hija amada, en quien tengo complacencia". ¿Serán palabras que dirá el Señor de nosotras?

"Quiero agradarte, Señor Jesús, decir 'te amo' con mis actos".
MG

Noche 24

Cada uno recoge el fruto de lo que dice
y recibe el pago de lo que hace.
Proverbios 12:14, DHH

Charles Perrault relató el cuento de una viuda con dos hijas. La mayor era como su madre, malhumorada y egoísta, mientras que la menor se parecía a su padre, dulce y amigable. Cierta ocasión, la hija menor, que era maltratada, encontró a una anciana en la fuente donde recogía agua, quien le pidió algo de beber. La chica lo hizo de inmediato, y entonces la anciana se convirtió en un hada que le dio un regalo: cada vez que hablara, de su boca saldría una flor o una joya. Cuando la madre vio los diamantes salir de su boca, envió a su hija mayor por agua. ¿Y qué pasó?

La hija mayor se rehusó a darle agua a la anciana, y por su mala actitud, la anciana le dio un regalo: cada vez que abriera la boca, una serpiente o un sapo saldrían de ella. ¿Con cuál hija te identificas?

Dios da valor extremo a nuestras palabras. Él quiere que uses tus palabras para que recojas frutos de bendición, como flores y joyas. Romanos 10:9 dice que si confiesas con tu boca que Jesús es el Señor y crees en tu corazón que Dios le levantó de los muertos, ¡serás salvo! Puedes obtener salvación confesando con tu boca que Jesús es tu Señor.

Cualquier cosa que digas, refleja lo que hay en lo profundo de tu corazón. Si hay un amor profundo por el Señor, saldrá cuando hables. Si amas a tu prójimo, eso saldrá por tu boca. Puedes ayudar a alguien con una palabra de aliento, pero también puedes dañarlo con tus palabras destructivas. Recuerda: recogerás el fruto de lo que digas y hagas.

Padre celestial, ayúdame a cuidar mis palabras.

YF

Día 25

El sacrificio de los impíos es abominación a Jehová;
mas la oración de los rectos es su gozo.
Proverbios 15:8, RVR1960

*U*na de las cosas que más he disfrutado en la vida es platicar con mi mejor amigo: mi esposo. Recuerdo cuando todavía éramos novios y estuvimos charlando por teléfono una noche. El tiempo se nos fue sin sentirlo. Nos percatamos de ello cuando estaba amaneciendo. ¡El sol estaba saliendo y los pajarillos empezaron a cantar!

Pasar tiempo con una persona que amas y a quien le puedes abrir tu corazón es hermoso. Sabes que te corresponde, que se interesa genuinamente por ti y que disfruta también de tu compañía.

Exactamente eso ocurre cuando estamos en oración. Nuestro Señor se goza con esta comunión. Aunque somos imperfectas, Él nos mira a través de su hijo como redimidas, justificadas y santificadas. Es un amigo que nos conoce y nos llama por nuestro nombre. "Ya no os llamaré siervos, porque el siervo no sabe lo que hace su señor; pero os he llamado amigos, porque todas las cosas que oí de mi Padre, os las he dado a conocer" (Juan 15:15, RVR1960).

¿Qué tanto disfrutas platicar con Jesús? ¿Acudes a la cita? Él extiende su mano para apoyarte y gozarse contigo. Él toca a la puerta y llama para cenar contigo. ¿Qué puede ser más importante que eso? Cada día, ¡abre la puerta!

Gracias, Jesús, porque me has demostrado tu amistad. Quiero
corresponderte y conocerte más cada día.
MG

Noche 25

Mi boca expresará la verdad,
pues mis labios detestan la mentira.
Proverbios 8:7, NVI

Es muy común oír la expresión "palabra de honor". Se refiere a que la reputación de alguien está en juego si no cumple lo que dice.

En una ocasión, un grupo de mujeres se comentaba quiénes éramos más formales en cumplir nuestra palabra, a lo que una, con mucho entusiasmo, dijo: "Nosotras las mujeres, porque tenemos "palabra de mujer". Nos reímos por la manera tan graciosa como lo dijo, pero al final concluimos que, si nosotros somos capaces de cumplir nuestra palabra para que nuestra reputación no quede en entredicho, ¿cuánto más Dios cumplirá la suya?

En este proverbio, Dios está hablándonos de algo muy serio: "mis labios detestan la mentira". Dios no puede decir mentiras. No puede engañarnos. Va en contra de sí mismo. Si a nosotras nos parece un insulto que nos acusen de no tener palabra de honor, ¿cuánto más le molestará a nuestro Señor que dudemos de su palabra?

Me encantaría que nuestro corazón fuera una lámina de oro en donde pudiéramos grabar este proverbio con un cincel. Si bien todos estamos comprometidos con nuestra reputación, creer en lo que Dios dice en la Biblia es creer que es la "palabra de Dios". Dios compromete su reputación en todo lo que nos dice en ella, pues "no es un simple mortal para mentir y cambiar de parecer. ¿Acaso no cumple lo que promete ni lleva a cabo lo que dice?" (Números 23:19, NVI).

Señor, gracias porque no mientes ni engañas.
Puedo confiar totalmente en tus palabras.

YF

Día 26

Cesa, hijo mío, de oír las enseñanzas
que te hacen divagar de las razones de sabiduría.
Proverbios 19:27, RVR1960

*E*n el siglo pasado, los estudiantes de secundaria tenían que aprender la teoría de Oparin sobre el origen de la vida y los postulados de Darwin sobre la evolución de las especies. Los estudiantes de este siglo debaten sobre las reglamentaciones legales de la clonación y los vientres de alquiler como medio de procreación. Lo que antes era nuevo, hoy es normal. Es parte de la vida de la gente leer su horóscopo, decorar su casa al estilo *feng shui* y encontrar su motivación diaria en un libro de la Nueva Era.

La sociedad divaga en su sabiduría. El enemigo de nuestras almas ha sido muy astuto en su proceso "educativo". Una de sus herramientas psicopedagógicas ha sido la cinematografía. Sutilmente va introduciendo conceptos que, por ser nuevos, causan la admiración del espectador. Estas ideas se van sembrando en nuestras mentes y las vamos internalizando, hasta que las aceptamos como la nueva normalidad de la sociedad a la que suponemos pertenecer.

La realidad es que nuestra ciudadanía es celestial. No tenemos que vivir como la gente "normal" lo hace en la postmodernidad. El apóstol Pedro ya percibía las luchas internas de los creyentes cuando escribió: "Amados, yo os ruego como a extranjeros y peregrinos, que os abstengáis de los deseos carnales que batallan contra el alma" (1 Pedro 2:11, RVR1960).

Series de televisión con llamativos argumentos, películas con efectos de última generación, música que nos hace vibrar... No todo ello es diabólico, ni todo ello es edificante. Pidamos la sabiduría divina para examinar todo y retener solamente lo que es bueno.

Guardaré mis ojos, mis oídos y mi mente para no pecar contra ti.
MG

Noche 26

Quítale su ropa al que salió por fiador del extraño,
y toma prenda del que sale fiador por los extraños.
Proverbios 20:16, RVR1960

Fiador es un término que se utiliza en materia civil. Cuando se hace un contrato, una persona se compromete con el acreedor a pagar por el deudor si este no llegara a hacerlo.

En un seminario sobre finanzas aprendí que los humanos presuponemos que podemos manejar el futuro, y hacemos negocios creyendo que las cosas van a suceder como queremos que sucedan. Pensando que podemos salir como fiadores de alguien, comprometemos lo que tenemos. Cuando te comprometes a pagar por otra persona, arriesgas muchas cosas: tu patrimonio, tu relación con la persona por la que sales fiador, tu bienestar emocional e, incluso, el bienestar de tu familia, pues, si llegaras a morir, tu familia tendría que pagar la deuda del otro.

Nuestro versículo de hoy nos enseña en forma general que, si queremos tener libertad financiera, no podemos salir como fiadores de nadie. A veces es duro porque amigos cercanos nos piden ayuda en este sentido. Nos toca a nosotros hacerles saber las razones por las que la Palabra de Dios nos advierte no hacerlo.

Si no eres fiadora de nadie, trata de no caer en la trampa. Si, por alguna razón, eres fiadora hoy, pide a Dios sabiduría específica para tu situación. Pide consejo y busca salir de esta situación.

Padre, dame sabiduría en el tema de las finanzas.

YF

Día 27

Por mucho que desee, el perezoso acabará en la ruina,
porque sus manos se niegan a trabajar.
Proverbios 21:25, NTV

Dorothy Sayers describió la pereza como el pecado que "no cree en nada, no le importa nada, no quiere aprender nada, no interfiere en nada, no disfruta nada, no ama nada, no odia nada, no encuentra el sentido en nada… y solo se mantiene vivo porque no hay nada por lo que valga la pena morir".

En México existe un término llamado "nini" que describe a una persona joven, entre 15 y 29 años, que no estudia ni trabaja. En 2018, había 6.6 millones de jóvenes en el país que no asistían a la escuela ni contaban con un empleo, y si bien la razón no es necesariamente la pereza, debemos pensar que pudiera haber un poco de ella en la ecuación.

Como el proverbio dice, los perezosos acaban en la ruina. ¿Qué es lo contrario? Una mujer como Sara, quien creyó que Dios cumpliría su promesa de darle un hijo. A Sara le importó la promesa de tal manera que echó a Agar de su casa cuando fue el tiempo correcto. Sara aprendió a obedecer a Abraham y llamarle "señor". Sara interfirió cuando Ismael comenzó a burlarse de su hijo. Sara disfrutó a su hijo y lo llamó "risa". Sara amó profundamente a su familia. Sara encontró sentido en las promesas de Dios, aun cuando muchas de ellas las vio desde lejos. Sara buscaba "una patria celestial" por la que valía la pena morir (Hebreos 11:16).

Cuando el Dios de la Biblia es nuestro Padre, no hay lugar para la pereza. Cuando nuestras manos se nieguen a trabajar, dirijamos nuestros ojos al lugar correcto: a Cristo, y entonces, nuestras manos se moverán, ya sea en alabanza o en servicio.

Señor, líbrame del pecado de la pereza.
KO

Noche 27

La persona que promete un regalo pero nunca lo da
es como las nubes y el viento que no traen lluvia.
Proverbios 25:14, NTV

¿*T*e ha pasado que ves nubes negras alrededor y te apuras a meter la ropa que dejaste colgando para que se seque, o preparas todo para la gran tormenta y, sin embargo, las nubes siguen de largo con la promesa de algo que no ocurrió? ¿Qué sientes ante promesas incumplidas?

Tal vez hay promesas rotas que han marcado tu vida, desde un regalo navideño que nunca llegó hasta los votos que tu cónyuge no cumplió. Un padre que juró no beber más, pero murió con la botella en la mano; un hijo que trató de enmendar su vida, pero tomó malas decisiones. Puede ser que simplemente estés esperado aún las vacaciones que alguien te prometió y que no se han materializado.

Las buenas noticias están en la Biblia. Si bien la gente no siempre cumplirá sus promesas, hay alguien que sí lo hace. Las personas titubeamos entre el "sí" y el "no" de lo que decimos y prometemos, pero Pablo nos recuerda que Jesucristo, el Hijo de Dios, no titubea. Es "el "sí" definitivo de Dios, él siempre hace lo que dice. Pues todas las promesas de Dios se cumplieron en Cristo con un resonante "sí" (2 Corintios 1:19-20, NTV).

Piensa en una promesa que necesitas para el día de hoy. ¿Necesitas el cuidado de Dios o su provisión material? ¿Requieres consuelo o la seguridad de que el cielo es real? ¿Necesitas oír que alguien te ama o que lo que Dios ha prometido —gozo, esperanza, transformación— sucederá? Habla con Dios y dale gracias porque Él no fallará. Agradece, antes de recibir, el cumplimiento de su promesa.

Señor, Tú no eres hombre para que mientas
o te arrepientas de lo que has prometido. ¡Gracias!

KO

Día 28

No respondas al necio según su necedad,
o tú mismo pasarás por necio.
Proverbios 26:4, NVI

*E*n el siglo XXI cada vez más la comunicación tiene lugar en las redes sociales y otros sitios que permiten que los lectores hagan comentarios personales. Esto ofrece cierto nivel de anonimato, lo que atrae a los participantes a responder de forma impulsiva.

Hay una práctica que en inglés llaman el *flaming*. Es el acto de publicar insultos, a menudo con lenguaje altisonante, en las redes sociales. Las personas que acostumbran a hacer esto se especializan en provocar a los demás y se enfocan en aspectos específicos de una conversación controversial. Insultan a los demás, y si nos atrevemos a responderles, el resultado tiende a ser igual de ofensivo.

El proverbio de hoy nos subraya que responder a los necios nos lleva a más necedad. No resuelve nada ni convence a una persona testaruda. En el primer libro de Samuel vemos el caso del rico Nabal, que ofende a David cuando este pide alimento para sus soldados en el desierto, y rechaza ayudarlos. Como resultado, deciden atacar su hogar. Abigail, esposa de Nabal, se interpone y salva la situación. Le ruega a David: "No haga usted caso de ese grosero de Nabal, pues le hace honor a su nombre, que significa ‹necio›. La necedad lo acompaña por todas partes" (1 Samuel 25:25, NVI).

¡Es tan fácil querer responder a las personas que hablan o publican barbaridades! Pero la experiencia nos debe enseñar que responder no resuelve nada; más bien nos agita más y es probable que digamos algo inapropiado. Concentrémonos mejor en comunicar mensajes que edifiquen a los demás.

Señor, cierra mi boca cuando no conviene hablar, y ábrela cuando hace falta decir lo que a ti te agrada.

MH

Noche 28

Dios aborrece hasta la oración
del que se niega a obedecer la ley.
Proverbios 28:9, NVI

Algunas personas dicen que sus oraciones no pasan del techo. ¿Es esto lo que el proverbio de hoy nos dice? Veamos esta historia: Saúl fue el primer rey de Israel. Dios le ofreció la corona, pero él pronto mostró que no pensaba ser fiel a Dios. Por ejemplo, cuando se le ordenó exterminar totalmente a Amalec, Saúl decidió no hacerlo. ¿Qué hizo mal?

Perdonó la vida del rey y dejó que sus hombres se quedaran con lo mejor de las ovejas y las cabras, del ganado, de los becerros gordos y de los corderos. Solo destruyeron lo que no tenía valor o era de mala calidad. Cuando Samuel le reclama por no haber obedecido, él pone como excusa que usarían los animales para sacrificios a Dios. ¿Qué le habrá movido a desobedecer? ¿La codicia? ¿Pensar que Dios exageraba? ¿La presión de grupo?

Saúl siguió un camino descendente de rebelión y desobediencia. Antes de morir, cuando incluso se atrevió a consultar a una adivina, confesó: "Estoy muy angustiado, pues los filisteos pelean contra mí, y Dios se ha apartado de mí, y no me responde más, ni por medio de profetas ni por sueños" (1 Samuel 28:15, RVR1960). Dios aborreció su oración, no porque no quisiera oírlo, sino porque Saúl primero eligió desechar a Dios.

Dios siempre escucha nuestras oraciones. ¿Acaso no todo lo sabe, todo lo ve y todo lo escucha? Pero podemos fingir ser piadosas y orar muy bonito frente a los demás, mientras que en el fondo de nuestro corazón estamos despreciando a Dios, ignorando su consejo o viviendo en pecado. Cuando eso suceda, recordemos la triste historia de Saúl.

Señor, que mis oraciones sean sinceras.
YF

Día 29

Jehová con sabiduría fundó la tierra;
afirmó los cielos con inteligencia.
Proverbios 3:19, RVR1960

"La biología es el estudio de cosas complicadas que dan la apariencia de haber sido diseñadas con un propósito", opina el científico ateo Richard Dawkins. Podríamos responderle: "Bueno, yo creo que tal vez el mundo parece ser diseñado porque de hecho lo fue". No solo la biología, también la cosmología, la física, la bioquímica y la astronomía evidencian el diseño inteligente de Dios.

Sean McDowell, profesor en la universidad Biola, nos hace pensar con este sencillo ejemplo: supongamos que nos internamos en un bosque y nos encontramos con una cabaña abandonada. Entramos y escuchamos nuestra canción favorita, hallamos nuestra comida preferida y, sobre el buró, observamos nuestro libro predilecto. Demasiados detalles precisos. Concluiríamos entonces que alguien nos estaba esperando. ¿No ocurre lo mismo con el universo? *Alguien* sabía que veníamos y se hizo cargo de los detalles.

No somos producto de la casualidad. Todo ha sido creado por Dios y todo lo que ha hecho tiene un propósito. "Los cielos proclaman la gloria de Dios, y el firmamento anuncia la obra de sus manos. Un día transmite el mensaje al otro día, y una noche a la otra noche revela sabiduría" (Salmo 19:1-2, NBLA). ¡Cuán admirable es su grandeza y poder!

Si sabemos de dónde venimos y para qué estamos aquí, sabremos cómo debemos vivir. Nadie es un accidente. Tú eres una persona valiosa creada a la imagen de Dios y diseñada con un propósito especial.

Dios, ayúdame a apreciar tu creación y a vivir consciente
de que has hecho un mundo de detalles para mí.

MG

Noche 29

Oye, hijo mío, y recibe mis razones,
y se te multiplicarán años de vida.
Proverbios 4:10, RVR1960

La periodista Carolina Benzamat ha conducido una serie llamada *Los Superhumanos, secretos de longevidad*, en donde entrevista a personas con más de 105 años para saber el secreto de su larga vida. Aunque su trabajo de investigación comenzó en el país de Chile, se fue extendiendo hacia los lugares en donde se encuentran las personas más longevas del mundo.

Con sus documentales, podemos conocer qué hace una persona para vivir más tiempo. En ciertos lugares, los más longevos tienen metas y proyectos que quieren alcanzar aún a su avanzada edad. Otros siguen una dieta exclusiva de pescado o plantas como la *ashitaba*. Además, se encontró que las personas que cultivan la espiritualidad o se apegan a una religión o asisten a una iglesia, viven más tiempo.

¿No es esto lo que buscamos los seres humanos? A veces no tomamos a Dios en serio en sus promesas. Según este proverbio, oír su Palabra, creerla y obedecerla es la mejor manera de ser feliz y de tener paz, sin importar las circunstancias difíciles a las cuales nos enfrentemos. Los creyentes deberíamos ser las personas más felices de la tierra y las más longevas.

Las personas no solo necesitan alimentarse sanamente y hacer ejercicio para vivir más. Tener paz en el alma y el amor de los que nos rodean nos ayuda a vivir más y mejor. Oigamos las razones de Dios.

Señor, "¡oh, cuánto amo yo tu ley! Todo el día es ella mi meditación".
(Salmos 119:97, RVR1960)

YF

Día 30

Jugueteaba en el mundo creado,
¡me sentía feliz por el género humano!
Proverbios 8:31, DHH

Me encanta imaginar que Dios jugaba con Adán en el huerto del Edén. ¡Y así era! Nuestro Dios es un Dios juguetón que le encanta reír y tener sentido del humor. Estaba muy feliz de haber creado algo tan parecido a Él que disfrutaba pasar tiempo con el hombre.

¿Qué padre o madre no disfruta ver a sus niños felices y hasta participar en sus juegos? ¿Se imaginan la mirada de amor del Señor al contemplarnos y sonreír con nuestras ocurrencias? ¿Recuerdas que después de comprar un juguete a tus pequeñitos te sentaste a jugar con ellos? Pienso que nuestro Dios sonrió con cada ocurrencia de Adán al ponerle nombre a los animales, y seguramente participó de sus travesuras.

Nuestro Señor quiere disfrutarnos y anhela nuestra compañía. Nuestro versículo es tan expresivo que nos hace sentir felices si sabemos que nuestro Dios es feliz con nosotros, ¿no es cierto? La Nueva Versión Internacional así lo expresa: "Me regocijaba en el mundo que él creó; ¡en el género humano me deleitaba!".

La vida cristiana es muy diferente a como el mundo la concibe. Disfrutar de Dios es muchísimo mejor que disfrutar cualquier cosa que el mundo pueda dar. El mundo piensa que Dios es aburrido, pero en realidad no ha probado su intimidad. ¡Que todas nosotras podamos disfrutar el lado divertido y juguetón de nuestro Dios para que otros lo conozcan también!

Señor, gracias porque te deleitaste en crearme.

YF

Noche 30

¡Vengan conmigo los inexpertos!
Proverbios 9:4, NVI

Cuando Alicia visita el País de las Maravillas, llega a un vestíbulo con puertas alrededor, pero todas están cerradas con llave. Prueba puerta tras puerta, ¿por qué? Porque las puertas nos llevan a otro lado. Ella no quería quedarse en ese pasillo para siempre. No fue hasta que encontró una diminuta llave de oro sobre una mesita de tres patas que logró salir a un jardín.

En la vida también hay puertas. En este capítulo de Proverbios encontramos dos: la de la sabiduría y la de la necedad. Y ambas nos invitan a entrar. ¿Y qué hallaremos detrás de ellas? Si decidimos pasar por la puerta de la necedad nos toparemos con la muerte, pues sus invitados están en lo profundo de la tumba. ¡Qué terrible! ¿Y qué hay detrás de la puerta de la sabiduría?

La puerta más importante en nuestra vida no es una de madera, sino una persona, la Sabiduría misma. Jesús dijo: "Yo soy la puerta; los que entren a través de mí serán salvos. Entrarán y saldrán libremente y encontrarán buenos pastos" (Juan 10:9, NTV). Si decidimos cruzar el portal de la salvación que Jesús ofrece, ¡estaremos en un bello jardín! ¡Mejor que el de Alicia!

No dejes a un lado la invitación más importante de la vida. Jesús es la puerta. Jesús está a la puerta. Y te dice: "Si oyes mi voz y abres la puerta, yo entraré y cenaremos juntos como amigos" (Apocalipsis 3:20, NTV). ¡Abre hoy!

Jesús, gracias por ser la puerta. Quiero entrar
a esos pastos que ofreces.

KO

Día 31

El testigo verdadero jamás engaña;
el testigo falso propaga mentiras.
Proverbios 14:5, NVI

*L*a tecnología moderna ha sido una herramienta útil para luchar contra los falsos testigos, ya que las cámaras de vigilancia captan a las personas *in fraganti*. La presencia de testigos que filman algún incidente con sus teléfonos celulares es otra manera de grabar los hechos reales.

En mayo del 2020 se volvió viral el video de George Floyd, un afroamericano que fue aprehendido por la policía. Durante la detención, un oficial lo clavaba al suelo poniendo la rodilla en su cuello. Se escuchaban las últimas palabras de Floyd, "¡No puedo respirar!", las cuales repitió varias veces antes de morir. Por mucho que aquel policía quisiera negar la gravedad de sus acciones, la evidencia era obvia.

"No des falso testimonio en contra de tu prójimo" (Éxodo 20:16, NVI) es uno de los diez mandamientos que Dios entregó a Moisés, lo cual muestra lo grave de este pecado. ¿Qué clase de testigos somos? El testigo verdadero no calla lo que sabe: "Y este evangelio del reino se predicará en todo el mundo como testimonio a todas las naciones" (Mateo 24:14, NVI). ¡Todo creyente en Jesucristo está llamado a ser este tipo de testigo!

Nos parecen inocentes las palabras que decimos, pero cada una que sea falsa "propaga mentiras". Estas se repiten y convencen a otros, causando daño. Seamos cuidadosas antes de abrir la boca. Sobre todo, ¡seamos portadoras de la verdad que libera!

Ayúdame, Señor, a ser testigo de tu verdad.
MH

Noche 31

Mejor es la comida de legumbres donde hay amor,
que de buey engordado donde hay odio.
Proverbios 15:17, RVR1960

Nuestra mente es maravillosa. Algún olor en particular nos puede remontar a nuestra infancia y activar recuerdos que yacen en nuestra memoria. Recuerdo el dulce de coyol que hacía mi abuela. El coyol es un fruto de piel amarilla verdosa que parece un coco en miniatura. Proviene de un tipo de palma que puede medir de diez a veinte metros de alto. Al hervir con piloncillo, conocido también como panela, se hace un dulce espeso de color café. Se puede chupar el coyol con este dulce y el sabor parece nunca acabarse.

Hay personas que disfrutan el arte de cocinar. A otras se les puede hacer pesado tener que hacerlo todos los días. Un cocinero en uno de sus tutoriales de recetas en YouTube dice: "Se cocina con amor, no por obligación". He tratado de adoptar su lema.

La mujer puede influir en su hogar para generar una atmósfera de amor. Colosenses 3:23 nos motiva a tener una buena actitud: "Y todo lo que hagáis, hacedlo de corazón, como para el Señor y no para los hombres" (RVR1960). Si tenemos que cocinar, planchar, o barrer hagámoslo con amor, porque a quien servimos es a Dios.

No importa si tenemos poco o mucho, ocupémonos en crear buenos recuerdos para nuestra familia. Procuremos un lugar como el que describe un bello himno: "Donde la madre con devoción sepa mostrarnos tu compasión; do todos vivan en comunión. Donde los hijos con decisión sigan a Cristo de corazón, do se respire tu bendición".

Señor, ayúdame a hacer todo con amor.
MG

Día 32

La suerte se echa en el regazo;
mas de Jehová es la decisión de ella.
Proverbios 16:33, RVR1960

*E*n Medio Oriente, los hombres y mujeres solían usar túnicas largas llamadas *jalabiya*. Cuando una persona se sentaba, podía lanzar dados o piedras sobre su regazo y la *jalabiya* funcionaba como una mesa. Al tomar decisiones importantes, cuando no se podían poner de acuerdo, se usaban las piedras para decidir quién ganaba y quién perdía. ¿Hacemos hoy lo mismo?

Las personas acuden hoy al horóscopo o a otras formas de suerte que les ayuden a decidir entre distintas opciones. Recuerdo una bola de billar de juguete, la bola 8 mágica, que uno sacudía y aparecían las palabras sí o no. Con ella, muchos trataban de definir sus vidas.

El proverbio de hoy es muy claro. El escritor está diciendo: "Ten libertad de lanzar las piedras sobre tu regazo para ayudarte a tomar una decisión, pero, a final de cuentas, los planes de Dios son los que triunfarán". Nuestra dependencia del Señor debe de ser tan absoluta que debemos estar preparadas para que Él cambie el rumbo de nuestra vida de la manera que Él quiera.

Hoy no necesitas de piedras que elijan el camino que debes tomar. Tienes una mente que Dios te ha dado, personas alrededor que pueden aconsejarte y, lo más importante, la oración. Cuando tengas una decisión importante que tomar, mejor ora y pide la dirección de Dios.

Enséñame, Señor, qué caminos tomar día a día.
YF

Noche 32

La persona con entendimiento es serena.
Proverbios 17:27, NTV

Los lagos son lugares que nos transmiten la idea de paz y belleza, quizá porque no ofrecen los peligros del mar, ni se desbordan como los ríos. El lago de Atitlán en Guatemala y el de Pehoé en Chile están entre los diez lagos más hermosos del mundo, y si has remado por un lago sereno, sabes que parte de su encanto es poder ver tu reflejo en sus plácidas aguas. ¿Y siempre es así?

Cuando llueve, la imagen se distorsiona. Las gotas rompen la ilusión de espejo y no podemos contemplarnos más. Nuestras almas son como las aguas de un lago. Cuando mostramos amor a Dios y adquirimos sabiduría, actuamos con serenidad y se puede ver el rostro de Jesús reflejado en nosotras. Cuando dejamos que la necedad o las preocupaciones caigan como tórrida lluvia en nuestros corazones, no reflejamos nada.

Los que somos hijos de Dios "podemos ver y reflejar la gloria del Señor. El Señor, quien es el Espíritu, nos hace más y más parecidos a él a medida que somos transformados a su gloriosa imagen" (2 Corintios 3:18, NTV). Pero recuerda que cuando carecemos de sabiduría y dudamos de la ayuda de Dios, somos tan inestables como una ola de mar que el viento arrastra y empuja de un lado a otro. Entonces no podemos reflejar a Jesús.

Respira hondo mientras lees estas palabras y piensa en tu alma. ¿Es como un lago sereno o una tormenta? ¿Qué está provocando que la lluvia caiga y se distorsione la imagen de Jesús? ¿Afanes y preocupaciones? ¿Necedad o falta de perdón? Confiesa a Dios y pide su ayuda. Recupera la tranquilidad y sé entendida.

Padre, que otros puedan ver el reflejo de Jesús hoy en mi vida.

KO

Día 33

Hombre necesitado será el que ama el deleite.
Proverbios 21:17, RVR1960

¿*H*as oído hablar del hedonismo? Se le considera una doctrina cuyo objetivo o finalidad es la búsqueda del placer y el goce en todo sentido. Mantenerte satisfecho es vital, y para eso, la ausencia del dolor es vista como una clave para lograr esta meta.

Quizá no escuches a personas decir en una reunión de amigos: "Yo practico el hedonismo. Soy de la escuela de Epicuro, el filósofo griego". Pero en la práctica, muchas personas, jóvenes y adultas, creen que este es el propósito de la vida: pasarla bien y evitar todo lo que duela. Su dios es cualquier cosa que traiga placer, ya sea la comida, el baile, las fiestas o la comodidad. En contraparte, lo malo es cualquier cosa que evite la satisfacción, como la falta del dinero, una enfermedad, el trabajo pesado ¡o incluso la escuela!

Pero, como el proverbio nos recuerda, la búsqueda del deleite como la fuente de nuestra felicidad nos dejará siempre vacías. ¿Por qué? Porque no fuimos creadas para esto. La Biblia dice que fuimos creadas para alabar y bendecir a Dios (Efesios 1:6, 12, 14). San Agustín dijo: "Nos hiciste, Señor, para ti, y nuestro corazón está inquieto hasta que descanse en ti".

La búsqueda del placer siempre nos dejará más necesitadas. Los proverbios nos invitan a encontrar en Dios nuestra satisfacción. ¿Cómo hacerlo? Hallando en Él lo que más necesitamos: ser amadas y aceptadas. Él está con los brazos abiertos dispuestos a cubrir todas nuestras necesidades.

Señor, no quiero buscar el placer, sino a ti.
KO

Noche 33

Así como el rico gobierna al pobre,
el que pide prestado es sirviente del que presta.
Proverbios 22:7, NTV

Hoy en día nos bombardean las invitaciones a comprar cosas para estar felices, y los ofrecimientos de tarjetas de crédito y préstamos para consumir se multiplican más y más. En México, el 62% de los que poseen estas tarjetas consideran que fue su más grande error financiero. En los Estados Unidos, la deuda promedio ¡es de quince mil dólares!

Este proverbio nos advierte que endeudarse equivale a la esclavitud. En los tiempos del Imperio romano, existía el término *addictus* para un deudor insolvente que se podía vender como esclavo. Hasta el siglo XIX en Europa, existían las prisiones de deudores, donde los que se internaban trabajaban para pagar Ç su deuda.

Conexión con la Escritura

En el Nuevo Testamento, se nos exhorta a estar contentos con lo que tenemos. Pablo insiste: "¿No se dan cuenta de que uno se convierte en esclavo de todo lo que decide obedecer? Uno puede ser esclavo del pecado, lo cual lleva a la muerte, o puede decidir obedecer a Dios, lo cual lleva a una vida recta" (Romanos 6:16, NTV).

Muy frecuentemente recibo llamadas del banco para ofrecerme otra tarjeta de crédito o un préstamo para alguna necesidad o proyecto. Cuando me niego a aceptar su ofrecimiento, a veces preguntan por qué. Más de una vez he contestado que, según la Biblia, no es bueno deber nada excepto el amor (Romanos 13:8). Las tarjetas de crédito pueden ayudarnos, pero también nos pueden esclavizar. Confiemos en que Dios provee.

Señor, Tú sabes lo que necesito. Confío que proveerás
en lo económico y mucho más.

MH

Día 34

Confiarle a un necio que lleve un mensaje,
¡es como cortarse los pies o tomar veneno!
Proverbios 26:6, NTV

*E*n los tiempos bíblicos, los mensajes se enviaban con personas que caminaban o corrían largas distancias, así que podían tardar días en llegar. En el siglo XIX, el *Pony Express* de los Estados Unidos llevaba correo a caballo, cruzando llanos, ríos y montañas. ¡Tardaba diez días en viajar una carta del Atlántico al Pacífico! Después ocurrió el milagro del correo aéreo. Hoy en día podemos hacer llegar un mensaje en segundos por medio del Internet.

Una vez una amiga envió cartas con alguien que iba de México a Estados Unidos para que llegaran con más seguridad. Después de cierto tiempo, supo que no habían llegado a su destino. La persona mensajera ¡había olvidado las cartas en su maleta! Este proverbio nos subraya el hecho de que confiar en un mensajero necio ¡es mortal! El mensaje no llegará, o llegará demasiado tarde, o si es verbal podría llegar tergiversado.

Al llevar a los israelitas hacia la tierra prometida, Moisés reporta: "Y envié mensajeros desde el desierto de Cademot a Sehón rey de Hesbón con palabras de paz" (Deuteronomio 2:26, RVR1960). Sehón no hizo caso, pero Moisés fue un mensajero fiel y envió a mensajeros fieles.

Dios me ha encomendado un mensaje de paz y reconciliación. Si no lo comunico, o si lo hago de forma argumentativa, ¿seré una mensajera necia que no cumple con el encargo?

Señor, quiero ser tu mensajera fiel. Dame las palabras y acciones
adecuadas para serlo.
MH

Noche 34

Soy demasiado torpe para ser humano
y me falta el sentido común.
Proverbios 30:2, NTV

Modelos, artistas, empresarias, académicas y deportistas exitosas compiten por nuestra atención hoy en día. Sus imágenes e historias llenan revistas y páginas en la red. Luego está la "súper mujer" que combina el empleo y la maternidad con otros talentos, aparentemente sin sufrir, y hace que nos sintamos abrumadas e inferiores.

En un momento de mi vida daba clases en la universidad, estudiaba para una maestría, participaba en el voluntariado y en la iglesia y, encima de todo eso, era esposa y mamá. Aparte de cansarme, era fácil sentirme inadecuada por no poder cumplir al máximo en cada renglón. Se dice que esto es muy común; las mujeres tendemos a ser inseguras en cuanto a nuestra competencia y valor. Gran parte de esto viene por compararnos con otras y por no saber poner límites.

Aquí el escritor de los Proverbios se sentía torpe y sin sentido común. En otra versión se califica como "ignorante" y se queja al decir: "no hay en mí discernimiento humano" (NVI). En un mundo que nos llena de exhortaciones de pensamientos positivos y "**¡tú puedes!**", es ciertamente un alivio saber que no somos los únicos que no alcanzamos ese nivel de seguridad. De hecho, Pablo nos recuerda que no somos "competentes por nosotros mismos para pensar algo como de nosotros mismos, sino que nuestra competencia proviene de Dios" (2 Corintios 3:5 RVR1960).

De allí también viene nuestro valor ante el Padre, que vale mucho más que ante los demás. Somos hijas amadas, rescatadas por Cristo. Él es nuestra fuerza en medio de nuestras limitaciones.

Padre, gracias por amarme como hija y por vencer
mi inseguridad con tu presencia.

MH

Día 35

Hijo mío, obedece los mandatos de tu padre,
y no descuides la instrucción de tu madre.
Proverbios 6:20, NTV

*M*i esposo se dedicaba a hacer hermosos títulos con caligrafía y dibujos sobre piel. Un cliente en particular, en diferentes etapas, le encargó dos títulos de licenciatura. El primero era de la carrera que sus padres deseaban que cursara. Cumplió, y después estudió la carrera que él personalmente prefería. Nos puede sorprender el grado de su obediencia a sus padres, aun después de su mayoría de edad.

Las familias están cambiando de muchas maneras. Actualmente, casi un tercio de las familias en América Latina están encabezadas por mujeres. Esto significa que muchos niños crecen con un padre ausente, lo cual a la vez contribuye a la necesidad de que la madre trabaje. Pueden ser criados por parientes o cuidadores gran parte del tiempo, lo cual disminuye las oportunidades para la instrucción paterna.

La Biblia recalca en numerosas ocasiones el papel central de los padres en la educación de los hijos, un aspecto descuidado en muchos hogares el día de hoy. A los hijos se les exhorta a que obedezcan a sus progenitores. De hecho, este mandamiento es el único que se vincula directamente con una promesa: "Honra a tu padre y a tu madre. Entonces tendrás una vida larga y plena en la tierra que el Señor tu Dios te da" (Éxodo 20:12, NTV).

Ya sea que todavía vivas con tus padres o que ya te hayas independizado, procura poner en práctica los buenos consejos que recibiste de ellos. Trátalos con respeto, reconoce la sabiduría que Dios les ha dado y aprovecha su ejemplo el tiempo que puedas.

Padre mío, gracias por mis padres terrenales
y por la buena enseñanza que me dieron.
MH

Noche 35

Porque a muchos ha hecho caer heridos [la mujer adúltera],
y aun los más fuertes han sido muertos por ella.
Proverbios 7:26, RVR1960

Una pareja de la India murió al caer a un abismo en el Parque Yosemite, en California, cuando se tomaban una *selfie* a la orilla de la montaña. Una joven de 20 años falleció al resbalar en la cortina de la presa Malpaso, ubicada en el municipio de Calvillo, pueblo mágico del estado de Aguascalientes. También se tomaba una *selfie*. ¿Qué tienen en común estos casos? Todos pensaron que podían acercarse demasiado a la orilla sin caer al abismo. Se sintieron muy fuertes y estables, pero cayeron y murieron.

La alegoría de este ejemplo con el proverbio de hoy es muy clara. Proverbios 7 es un relato detallado de alguien cayendo en la inmoralidad sexual. Puede simbolizar las pasiones juveniles y la tentación de los placeres de la carne. Es un instructivo de las fatales consecuencias físicas y espirituales de caer en el pecado. Sin embargo, al igual que los que murieron tomándose una *selfie*, muchos, sintiéndose fuertes, han caído. Seguramente se acercaron demasiado al límite.

"Por tanto, el que cree que está firme, tenga cuidado, no sea que caiga". (1 Corintios 10:12, NBLA). Dios nos conoce bien. Escuchemos la advertencia. Es muy triste mirar matrimonios heridos, destrozados por el pecado, y aun líderes que en un momento fueron fuertes y han salido heridos.

Que podamos mantenernos firmes en nuestro compromiso de pureza y santidad. No se trata de no acercarse demasiado a los límites. Se trata de huir de la tentación y mantenernos firmes y alertas.

Señor, yo soy muy débil, pero en ti soy fuerte.
MG

Día 36

Eternamente tuve el principado,
desde el principio, antes de la tierra.
Proverbios 8:23, RVR1960

Mi amiga Berna recibió un folleto en cierta ocasión que visitó una isla cercana a Estambul. Como buena musulmana, sentía que el papel ardía contra su piel pues hablaba de *Isa*, o Jesús. Sin embargo, al irlo leyendo, su corazón sintió un calor que nunca había experimentado. ¿Sería verdad lo que allí decía? Para ella, sin embargo, Jesús no podía ser Dios mismo. Jesús era solo un profeta.

¿Cómo sabemos que Jesús es Dios? Los Evangelios nos muestran vez tras vez que Jesús no solo se comportó como Dios e hizo cosas que solo Dios puede hacer —como perdonar pecados, calmar el mar y resucitar a los muertos— sino que Él mismo declaró ser igual al Padre.

El Evangelio de Juan es contundente. Leemos que "en el principio era el Verbo, y el Verbo era con Dios, y el Verbo era Dios" (Juan 1:1, RVR1960). Proverbios 8 habla de la sabiduría de Dios y confirma que Jesús es eterno; no tuvo principio ni tendrá fin. Cuando Berna leyó Juan 1, comenzó a meditar. En la cosmovisión del islam, el Corán es la palabra de Alá, coeterna e increada. Esto quiere decir que fue revelada, mas siempre ha existido y no tiene un principio. Para los cristianos, la Biblia son las palabras de Dios, pero Jesús es la Palabra de Dios, coeterno e increado, ¡Dios mismo! Los musulmanes veneran las palabras de Alá, pero los cristianos adoramos al Verbo hecho carne.

Hoy Berna es una seguidora de Jesús. Lo sigue no solo porque es Dios, sino porque es un Dios personal. Es un Dios que no está solo a la distancia, sino que vino a salvarnos.

Jesús, no tienes principio ni fin, porque eres eterno. Eres Dios.

KO

Noche 36

La sabiduría edificó su casa,
labró sus siete columnas.
Proverbios 9:1, RVR1960

La iglesia de la Sagrada Familia en Barcelona comenzó a construirse en 1882 y se espera que sea terminada en el 2026. Es una de las iglesias más hermosas que existen. Resulta un verdadero espectáculo de construcción, con detalles interesantes que toma un día entero para gozar y analizar. Su arquitecto y diseñador, Antoni Gaudí, murió antes de verla completada, pero tenía muy claro lo que deseaba representar.

Para él, el templo debía ser un canto a la Trinidad de Dios. Exteriormente, simboliza la sagrada familia, es decir, la iglesia y sus fieles representados por José, María, los apóstoles y los santos. Las tres fachadas, cada una con un tema y un estilo distintivo, muestran el nacimiento, la pasión y la gloria de Jesús. En el interior, Gaudí deseaba crear un bosque, con luz entrando en abundancia a través de los ventanales. Puig Boada dijo que es, "en su conjunto, un himno de alabanza a Dios que entona la humanidad y del que cada piedra es una estrofa cantada con voz clara, potente y armoniosa".

Boada tenía razón. En el edificio que la sabiduría edificó, nosotras somos "piedras vivas con las cuales Dios edifica su templo espiritual" (1 Pedro 2:5, NTV). Somos parte de la hermosa construcción con siete columnas que Jesús ha hecho, y cada acto que hacemos puede ser un himno entonado hacia la bondad y el amor de Dios.

Disfrutemos hoy el privilegio de ser parte de tan sublime edificio. Seamos esas piedras vivas, ubicadas en su lugar, que traen honra y gloria a su Arquitecto.

Padre Celestial, gracias por hacerme parte de tu familia.
Que sea una piedra viva que traiga belleza y honor a tu edificio.
KO

En el camino de la justicia se halla la vida;
por ese camino se evita la muerte.
Proverbios 12:28, NVI

L a justicia se representa como una mujer con una balanza en la mano y los ojos vendados. Esta alegoría quiere dar a entender que la balanza debe estar equilibrada para cualquiera, y que el juez no debe ver a quién beneficia.

En las escuelas de Derecho, se enseña que la justicia tiene cuatro cualidades. Es distributiva, restaurativa, procesal y retributiva. En la Biblia, y en la salvación que Jesús nos ofrece, encontramos las cuatro.

Así como la justicia distributiva busca que todos tengan las mismas oportunidades, el Señor quiere que todos los hombres sean salvos y vengan a Él. En la justicia restaurativa, el ofensor debe reconocer que ha ofendido y debe tratar de restaurar al ofendido. A esto le llamamos arrepentimiento. La justicia procesal establece las sanciones que se aplican al ofensor. En el caso de los seres humanos, Dios como juez da el veredicto. Todos merecemos la muerte, pero Cristo ha pagado por nosotros y, al creer en Él, somos salvos. Finalmente, la justicia retributiva dice que todos los ofensores deben ser tratados de la misma manera para que otros aprendan a no cometer delitos. Somos ejemplo de lo que Dios hace en nosotros por medio de la salvación.

¿Anhelas verdadera justicia? ¿Estás segura de estar en el camino correcto? Hay un solo camino de justicia a la vida: Jesucristo.

Gracias, Jesús, por haber pagado en mi lugar.
YF

Noche 37

La esperanza que se demora es tormento del corazón;
pero árbol de vida es el deseo cumplido.
Proverbios 13:12, RVR1960

El árbol baobab no es solo el lugar donde la comunidad en África occidental se junta para resolver problemas. Puede proveer refugio, ropa, comida y agua para los habitantes de la fauna y los seres humanos en la región de la sabana africana. Ya que todas sus partes son útiles para la sobrevivencia, se le conoce como el árbol de la vida.

Imagina andar caminando por la sabana africana, sedienta y hambrienta, ya sin esperanza de encontrar un refugio para el calor. Tu corazón se siente afligido hasta que percibes en la lejanía el árbol de la vida. ¡Tus sueños se han hecho realidad! ¡La vida está frente a ti! ¿No nos sucede lo mismo al transitar por este mundo? Hemos sido hechos para algo más, pero no logramos definir qué, y esa esperanza desconocida atormenta nuestro corazón. ¿Dónde está ese sueño que será como un árbol de vida?

En la Biblia, durante muchos años, los seguidores de Dios veían su esperanza muy lejana y sus corazones se acongojaban. Esperaban ver al Mesías, el Ungido, venir para librar a Israel de sus pecados y sus penas. Entonces llegó Jesús. ¡En Él se cumplieron los sueños de toda una nación y de la humanidad! Jesús es ese algo que nos hace falta y que debemos encontrar para tener paz. Él dijo: "Yo soy el camino, la verdad y la vida" (Juan 14:6).

Si te sientes afligida y ves lejana la esperanza de que tu vida tenga sentido, ven hoy a Jesús. Él es el cumplimiento de nuestros anhelos. Encontraremos que Él es el deseo que tanto hemos anhelado, y verlo cumplido ¡será un árbol de vida! ¿Qué esperamos?

Padre, Tú eres lo que necesito para estar completa.
Sé mi árbol de vida.
KO

Día 38

El corazón del hombre traza su rumbo,
pero sus pasos los dirige el Señor.
Proverbios 16:9, NVI

Sy Rogers se había cambiado de ciudad para que nadie lo reconociera. Era una persona transgénero. Durante año y medio trabajó en una empresa sin que nadie imaginara que había sido un hombre. Su madre había muerto en un accidente cuando él tenía cuatro años y sufrió abuso sexual durante su niñez. Siendo adolescente practicó la homosexualidad y, ya en la Marina, llegó a prostituirse. Fue el padrino en una boda gay de dos amigos. Cuando salió de la Marina, estaba decidido a operarse para ser mujer. Así que comenzó la preparación tomando hormonas femeninas. Pero Dios tenía otros planes.

Los amigos de cuya boda había sido el padrino, le escribieron diciéndole que se habían separado porque habían abandonado la homosexualidad y se habían convertido en cristianos. Entonces, le hablaron del poder transformador del Evangelio. Sy pensó que, si de verdad Dios podía cambiarle, tenía que impedir que él se operara. Se acercaba la fecha y Sy tenía psicólogos y psiquiatras preparándolo emocionalmente. Pero unos días antes de la operación, el hospital John Hopkins, donde sería operado, anunció que dejaba de hacer las operaciones de reasignación de sexo. Muy confundido y con temor, oró al Señor y le entregó su vida y Él empezó la transformación. Sy se casó y tuvo una hija y dedicó el resto de su vida a servir a Dios.

Muchas veces planeamos nuestra vida pensando que el Señor pocas veces entra en ella. Pero la realidad es que Dios está constantemente buscándonos, tratando de atraernos a Él para mostrarnos su amor y darnos vidas con propósito.

Padre, hoy te pido por (nombre). Dirige sus pasos.
YF

Noche 38

Los hijos necios traen dolor a su padre.
Proverbios 17:25, NTV

Algunos animales tienen mala fama. La mula, por ejemplo, se cataloga como terca o necia. Un necio es un ignorante, alguien que no sabe lo que puede o debe saber. También describe a la persona que insiste en sus propios errores o se aferra a ideas equivocadas. La comparación entre las mulas y los necios comenzó porque estas se negaban a arar el campo, aunque después el hombre aprendió que, con paciencia, amabilidad y cariño, la mula obedecía. ¿Somos como las mulas?

El viernes pasado concluí que soy terca y necia como una mula. Me descubrí discutiendo con mi esposo por el mismo motivo de siempre. Según yo, ya lo había superado, pero me vi nuevamente negándome a arar el terreno de la sana convivencia y el perdón. Mi necedad me cayó como un balde de agua fría y reparé en este proverbio. No solo traía dolor a mi esposo, sino a mi Padre celestial, así que con lágrimas pedí perdón a ambos.

La necedad es pecado, y solo encontraremos paz cuando lo confesemos a Dios. Nuestro Padre eterno nos promete y nos advierte: "Te guiaré por el mejor sendero para tu vida; te aconsejaré y velaré por ti. No seas como el mulo o el caballo, que no tienen entendimiento" (Salmo 32:8-9, NTV). ¡Qué alegría es ser perdonados por nuestra desobediencia! ¡Qué alivio es no cubrir nuestras culpas!

Como las mulas, quizá queremos hacer nuestra voluntad o andar por nuestros propios caminos, pero la necedad trae dolor a los que nos rodean, así como a Dios. Dejemos que Dios nos haga entender y nos diga por dónde ir. Con su bondad y cariño, no solo andaremos por el camino correcto, sino que lo agradaremos a Él.

Padre, muéstrame el camino por el que andar
y líbrame de la necedad.

KO

Día 39

*Por sus acciones se conoce
si un joven se conduce con rectitud.*
Proverbios 20:11, DHH

Katie Davis quería estudiar enfermería en la universidad, pero a los dieciocho años hizo un viaje de corto plazo a Uganda que cambiaría su vida. Ese diciembre de 2006, trabajó en la ciudad de Jinja, a orillas del lago Victoria. Allí se enamoró de las personas y su cultura, así que decidió volver en el verano después de graduarse de la preparatoria. ¿Qué hizo Katie ahí?

Enseñaba el prescolar en un orfanato, y aunque tan solo tenía 19 años, notó las carencias y dificultades de estos niños y decidió dedicar su vida a servirles. Regresó a los Estados Unidos para retomar su carrera, pero pronto volvió a Uganda donde fundó el ministerio Amazima que apoya a niños y niñas en Uganda. Ella misma adoptó a trece niñas huérfanas que cuida hasta el día de hoy. Las acciones de Katie, a pesar de su juventud, muestran que ella sigue y ama a Dios.

El apóstol Pablo hace una recomendación a los jóvenes en forma especial: "Que nadie te menosprecie por ser joven. Al contrario, que los creyentes vean en ti un ejemplo a seguir en la manera de hablar, en la conducta, y en amor, fe y pureza". (1 Timoteo 4:12, NVI).

Alguien preguntó una vez: "Si vivieras en un lugar en donde los creyentes son perseguidos, ¿tendría alguien suficientes pruebas para acusarte de ser un seguidor fiel de Jesucristo?". Si eres joven, ¿enseñan tus acciones tu rectitud? Si eres adulto, ¿has enseñado a los jóvenes que te rodean a mostrar por su conducta que son seguidores de Cristo?

*Señor, que mis acciones me delaten como una buena
seguidora de Jesús.*

YF

Noche 39

Mejor es vivir en un rincón del terrado
que con una mujer rencillosa en casa espaciosa.
Proverbios 21:9, RVR1960

Las raíces fibrosas se ocultan debajo de la superficie. Por lo general, cuando vemos una planta, nos olvidamos de que existen. Pero allí están, se hacen conocer por el fruto que producen. ¿Has oído hablar de la raíz de amargura?

Seguramente has tenido temporadas difíciles en tu vida. Recuerdo una época de mucho estrés, cuando acepté un trabajo que exigía mucho de mí y que le robaba tiempo y atención a mi familia. Si bien yo sabía que estaba mal tratar de lidiar con los dos mundos a la vez, comencé a culpar a los demás. No era yo, sino mi jefe quien agregaba a mis responsabilidades; o mi esposo, quien no ayudaba suficiente en la casa; o mis hijos quienes requerían demasiado de mí. ¿Qué sucedió entonces? Lo que la Biblia enseña.

Empezó a crecer en mí una raíz de amargura (Hebreos 12:15). Como esas raíces invisibles, la regué con activismo, la aboné con la idea que todo se solucionaría mágicamente, hasta que dio fruto. Situaciones fuera de mi alcance rompieron la burbuja y me sentí enferma, sola y frustrada. Destilé amargura y envenené a otros a mi alrededor. Tuve que pedir perdón y aceptar mi culpa por lo que estábamos cosechando.

Nuestro proverbio dice que es mejor vivir solo y en un rincón que con una mujer que busca pleitos o ha permitido en su vida una raíz de amargura. Yo he sido esa mujer en ocasiones. ¿La solución? No permitir que la raíz crezca. Arrancarla sin misericordia. ¿Cómo? Por medio de la humildad para pedir perdón, para reconocer nuestra responsabilidad y buscar una solución.

Señor, ayúdame a tener cuidado para que no brote
ninguna raíz de amargura en mí.
KO

Día 40

Instruye al niño en el camino correcto,
y aun en su vejez no lo abandonará.
Proverbios 22:6, NVI

*T*res hermanas, tres modos de criar hijos. Una deja que los niños se duerman a la hora que desean para fomentar su libertad de decisión. Otra es muy estricta y usa horarios, confiando que los niños descansarán lo suficiente para su desarrollo. La última usa una combinación de ambos estilos. ¿Quién está bien?

Vivimos en un mundo donde existen miles de libros sobre la crianza. Psicólogos y otros expertos dan todo tipo de consejos a los padres. Algunos incluso proclaman darle al niño toda la libertad que quiera, puesto que "su naturaleza" y su individualidad lo guiarán. ¿Cómo determinar lo correcto ante tanta variedad de opciones?

La buena educación no se especifica en este proverbio. Sin embargo, todo el libro de Salomón apunta hacia la verdadera sabiduría, que proviene de Dios. En Deuteronomio, el Señor insta a los padres a hablar de las leyes de Dios a sus hijos: "Enséñaselas continuamente a tus hijos; háblales de ellas, tanto en tu casa como en el camino, y cuando te acuestes y cuando te levantes" (Deuteronomio 6:7, DHH). En el lenguaje del Nuevo Testamento, somos llamados a hacer discípulos (Mateo 28:19), que incluye la enseñanza y el ejemplo. ¡Los hijos deben ser nuestros principales discípulos!

Ya sea que seamos madres, abuelas, tías o maestras, Dios nos puede usar para influir para bien en la próxima generación. Usemos las oportunidades que tengamos para guiar a los niños y jóvenes en el buen camino del Señor, de modo que lo sigan cuando sean adultos.

Padre, dame sabiduría para aprovechar las oportunidades
que me das de preparar a los niños para caminar contigo.

MH

Noche 40

Porque ciertamente hay un futuro,
y tu esperanza no será cortada.
Proverbios 23:18, NBLA

Nelson Mandela estuvo encarcelado durante 27 años. El delito: sus ideas. Su celda de cinco metros cuadrados solo tenía un colchón de paja para dormir. Todo el día picaba piedra bajo el sol, lo que dañó su vista. Los carceleros le agredían de forma física y verbal. Aun así, una persona que le conoció dijo que nunca había visto una sonrisa más hermosa como la que Mandela brindaba a todo aquel que se le acercaba. Una de sus frases nos habla de su esperanza: "Nunca pienso en el tiempo que he perdido. Solo desarrollo un programa que ya está ahí. Que está trazado para mí".

Cuando vivimos tiempos de adversidad, no todas las personas reaccionamos con tal optimismo. Cuando las cosas son diferentes a lo que habíamos imaginado, es posible entristecerse, caer en el pesimismo y la depresión. La Escritura siempre da la esperanza de un futuro mejor a quien vive sabiamente.

El apóstol Pablo también fue encarcelado, azotado y apedreado. Padeció naufragios, asaltos, desvelos, hambre, sed, frío, desnudez, trabajo y fatiga, y se preocupaba por los hermanos. Y aun así, en la segunda carta a los corintios señala "que estamos atribulados en todo, mas no angustiados; en apuros, mas no desesperados; perseguidos, mas no desamparados; derribados, pero no destruidos; llevando en el cuerpo siempre por todas partes la muerte de Jesús, para que también la vida de Jesús se manifieste en nuestros cuerpos" (2 Corintios 4:8-10, RVR1960).

Cuando te encuentres en una situación que te desanima, recuerda que en Cristo siempre habrá un mejor mañana. Nuestra esperanza está en Dios. Él cumplirá su propósito en ti. Confía en Él.

Dios, fortaléceme y que tu Espíritu Santo me consuele.

MG

Día 41

El necio no sabe qué decir ante el tribunal,
pues la sabiduría está fuera de su alcance.
Proverbios 24:7, DHH

En los juicios de Núremberg se sancionaron dirigentes, funcionarios y colaboradores nazis. Otto Ohlendorf fue sentenciado a muerte por el asesinato de noventa mil personas, principalmente judíos y gitanos. Sin embargo, en el tribunal se defendió diciendo que solo seguía órdenes. La corte rechazó su defensa, pues dijeron que un individuo que sigue órdenes de aquello que es ilegal frente a las cortes internacionales, es responsable de sus actos. Como dice el proverbio, la sabiduría estaba fuera de su alcance. Pero pensemos en Jesús.

¿Recuerdan que no respondió nada cuando lo estaban juzgando? Parecía que no sabía qué decir. Pero ¿has pensado en que Él no se defendió porque tomó el lugar de todos los necios? Si Él se hubiera defendido, ¡lo hubiera hecho con tanta sabiduría que habría dejado perplejos a los que lo juzgaban! En otras palabras, Jesús guardó silencio por amor a ti y a mí.

En la segunda carta a los corintios, Pablo dice: "Al que no conoció pecado, por nosotros lo hizo pecado, para que nosotros fuésemos hechos justicia de Dios en él" (2 Corintios 5:21, RVR1960). En otras palabras, el Señor cumplió las Escrituras y se hizo necio por nosotros. Esto rompe mi corazón y llena de lágrimas mis ojos. El Puro y Santo se hizo necio sin serlo.

¡Nunca comprenderemos totalmente lo que costó nuestra salvación! En el juicio más importante de todos, alguien tomó nuestro lugar. Nuestras muchas defensas no quitarán el veredicto de la muerte, pero Jesús ya pagó en nuestro lugar. A nosotras solo nos resta aceptar su regalo.

Señor Jesús, tomaste mi lugar. Gracias.
YF

Noche 41

Si el que te aborreciere tuviere hambre, dale de comer...
Porque ascuas amontonarás sobre su cabeza.
Proverbios 25:21-22, RVR1960

En tiempos bíblicos, las personas calentaban sus casas y cocinaban con fuego. Sin embargo, durante las noches, el fuego a veces se apagaba y debían ir a buscar carbones encendidos en las casas vecinas. Estos carbones se transportaban en braseros o un recipiente sobre la cabeza. ¿Qué es lo que nos dice entonces este proverbio?

Si tu enemigo o alguien que no te aprecie tiene hambre, dale de comer. Si tiene sed, dale de beber. ¿Qué estás haciendo? Estás respondiendo una agresión con bondad. Es como si tu vecino, el que siempre te lanza basura o hace ruido por las noches, fuera a tu casa por unos carbones encendidos. Tú podrías negarte a dar el preciado fuego, alegando que lo necesitas para tu propia familia. Pero, en lugar de eso, puedes poner tantos carbones en su brasero que se amontonen en el recipiente que llevará de regreso a casa.

Pablo usó este mismo proverbio cuando invitó a los romanos a nunca tomar venganza. ¿Su consejo? "Dejen que se encargue la justa ira de Dios" (Romanos 12:19, NTV). El proverbio termina con una promesa: "Jehová te lo pagará". Él hará que no falte fuego en tu casa y que tu bondad no solo traiga vergüenza a aquel que te desea mal, sino que posiblemente se pregunte por qué le muestras bondad y busque a Jesús.

Ciertamente hay gente en esta vida que no nos trata bien y que, incluso, busca nuestro mal. Pero no busques vengarte o imponer tu propia justicia. Entrega a Dios a esas personas y, si tienen hambre o sed, sé generosa. Amontona carbones encendidos sobre su cabeza.

Padre, no quiero devolver a nadie mal por mal. Ayúdame a hacer
todo lo posible por vivir en paz con todos.

KO

Día 42

Como vuelve el perro a su vómito,
así el necio insiste en su necedad.
Proverbios 26:11, NVI

*E*n siglos pasados, la mayoría de los perros tenía una función: ser guardianes de las casas, cazadores o cuidadores de ovejas. En la actualidad, son más que nada compañeros, hasta el punto de que, en broma, se les llama "perrijos". Pero eso sí, a diferencia de los hijos, nunca aprenden a levantar su suciedad, ya sea el vómito o cosas peores.

Cuando lo conocimos, un amigo era alcohólico empedernido. Odiaba su vicio y sabía que estaba destruyendo a su familia, pero no podía abandonarlo. En ocasiones terminaba tirado en el pavimento y pasaba la noche allí. Volvía "como el perro a su vómito". Solo cuando estrechó su mano a Cristo pudo salir de ese círculo vicioso.

Así "como vuelve el perro a su vómito", el adicto vuelve a tomar la sustancia que le hace su esclavo. Pedro nos dice que un "cerdo recién lavado vuelve a revolcarse en el lodo" (2 Pedro 2:22, NTV). Los dos proverbios reflejan lo repugnante y lo atractivo del pecado a la vez. Dios ve abominable esta tendencia a volver a nuestra condición miserable, pero siempre nos ofrece la forma de salir y ser limpios.

Quizás no seamos toxicómanos, pero tenemos hábitos que aborrecemos. Repetimos un chisme; seguimos comiendo más de la cuenta; nos hacemos adictas a novelas o series nada apropiadas… Busquemos a Dios para que nos libre de esas prácticas y nos satisfaga con "alimento" verdaderamente saludable.

Señor, tú me conoces. Líbrame de lo que me atrae
y a la vez me hace mal.

MH

Noche 42

*Disciplina a tus hijos, y te darán tranquilidad de espíritu
y alegrarán tu corazón.*
Proverbios 29:17, NTV

Tomé clases de piano desde los seis años y no saltaba de emoción cuando iba a casa de mi maestra. Tampoco me emocionaba practicar. Sin embargo, hoy agradezco mucho a mi madre, quien me obligó a seguir yendo y a seguir tocando. Hoy puedo deleitarme con el piano, alabar a Dios y experimentar una forma muy íntima de comunión con Él cuando, en la soledad de la sala, le canto una "nueva canción". Sin embargo, hoy como madre, sé que no es fácil inculcar en otros la disciplina.

Como profesora, pedía a mis alumnos leer ciertos libros clásicos. Sé que varios de ellos optaron por ver sus series favoritas y leer los resúmenes de los libros. Otros, aunque no encontraban muchas razones para seguir leyendo, se esforzaron. Pero hubo una gran diferencia entre ambos grupos: los que leyeron el libro completo tuvieron la satisfacción de concluir un trabajo y hacerlo bien, que quizá no se observó en la nota o la calificación, pero sí en sus corazones.

No podemos enseñar a nuestros hijos a ser disciplinados si nosotros no lo somos. La disciplina trae alegría y tranquilidad. No hay nada como saber que hemos hecho algo bien y en tiempo y forma. Podemos leer un eco de ello en las palabras de Jesús en la cruz, cuando declaró que todo había consumado. Había concluido su propósito al venir al mundo.

Ama a tus hijos enseñándoles a no rendirse ni desistir. Enséñales con el ejemplo, pero también trabajen juntos en no buscar atajos, sino en esforzarse, pues no será en balde. El esfuerzo produce frutos.

Padre, ayúdame a ser disciplinada en mi vida.
KO

Día 43

Ella encuentra lana y lino
y laboriosamente los hila con sus manos.
Proverbios 31:13, NTV

*E*ntre las mujeres del siglo XXI, ¡pocas sabemos hilar! No solo eso. Ahora pocas hacemos nuestra propia ropa, ya que fácilmente compramos cualquier prenda hecha a la medida. La mayoría tampoco aprendimos a bordar o tejer en la escuela, como era común en los días de nuestras mamás o nuestras abuelas.

En América Latina, todavía hay muchos pueblos, especialmente en zonas indígenas, donde se elaboran preciosas prendas tejidas en telar o bordadas a mano. Sobre todo las mujeres trabajan laboriosamente durante semanas y hasta meses para terminar una sola pieza.

La mujer virtuosa descrita apoya la economía del hogar. Aunque tiene sirvientas, no menosprecia el trabajo manual. Encontramos a otra mujer ejemplar en Hechos 9, Dorcas o Tabita, que hacía buenas obras y cosía ropa para muchas viudas que lloraron su muerte. Dios obró por medio de Pedro, que resucitó a Dorcas, la única mujer llamada "discípula" en la Biblia. Aquí vemos que podemos usar nuestros talentos para servir a nuestra familia y a las personas que nos rodean.

Es muy posible que coser y tejer no sea común, pero a la vez existen innumerables maneras de ser de ayuda en el hogar y en nuestra comunidad. Algunas servimos a otros al elaborar ricos guisados o panes. Otras somos muy creativas para decorar los hogares y ofrecer hospitalidad. Nuestros dones de organización, de enseñanza y muchos más pueden ser de gran importancia en la iglesia o en el trabajo.

Padre, gracias por las habilidades que me has dado;
quiero usarlas para bendecir a los demás.

MH

Noche 43

Nunca se aparten de ti la misericordia y la verdad;
Átalas a tu cuello, escríbelas en la tabla de tu corazón.
Proverbios 3:3, RVR1960

Mentir se hace más fácil cuando "todos lo hacen". Pensamos que existen "mentiritas blancas" e inofensivas. A veces se hace un hábito y, en el momento menos pensado, aun sin darnos cuenta podemos recurrir a una salida fácil inventando una mentira, en vez de enfrentar las cosas. Así como cuando las abuelas recomendaban amarrarse un hilo en el dedo para no olvidar las cosas, el proverbio de hoy recomienda atarnos la misericordia y la verdad en el cuello.

Dios le dio un regalo a mis padres cuando yo tenía 23 años: un hermoso bebé de encantadora sonrisa. Siempre había deseado un hermano, así que lo amé desde el momento en que lo vi. Jonathan era muy activo, entusiasta y travieso. Sin embargo, notamos algo en su personalidad: siempre decía la verdad. Algunos niños cuando son sorprendidos en alguna travesura culpan al hermanito menor, al perro y hasta a la pared. Jonathan era valiente, aun cuando sabía que habría un regaño de por medio.

Para Dios la mentira es algo grave. En los Hechos de los Apóstoles se relata que, cuando Ananías mintió acerca del dinero de una propiedad, Pedro dijo: "No has mentido a los hombres, sino a Dios" (Hechos 5:4, RVR1960). Dios le quitó la vida por haber dicho una mentira.

Así como escribimos recordatorios y los pegamos en el refrigerador, la Palabra nos recomienda "escribir en nuestro corazón" que no debemos apartarnos de la misericordia y de la verdad. Recuerda: no le mentimos a los hombres, le mentimos a Dios.

Dios, quiero decir la verdad siempre porque sé que a ti te agrada,
ayúdame a recordarlo.

MG

Día 44

Aprende una lección de las hormigas.
¡Aprende de lo que hacen y hazte sabio!
(Proverbios 6:6, NTV)

os refranes son creativos y revelan verdades sencillas. Uno de ellos es: "Camina más una hormiga que un buey echado". El enfoque aquí es que, si uno es persistente, los esfuerzos pequeños logran mucho a la larga. El buey echado es muy fuerte, pero al no trabajar no hace nada útil.

Soñaba yo con escribir un libro, y tenía algunos escritos como primicia, pero se veía enorme el esfuerzo de crear una obra de ese tamaño. Varios escritores me guiaron con una sencilla enseñanza: "En lo posible, escribe un poco todos los días". Así, con pasos de hormiga, ¡a la larga logré mi cometido!

"¡Fíjate en la hormiga! ¡Fíjate en lo que hace, y adquiere sabiduría!", nos exhorta este proverbio en otra traducción (NVI). Si observamos las criaturas de Dios, nos pueden enseñar todo tipo de lecciones. Toda la naturaleza refleja la mano de su Creador. Aunque nuestra principal fuente de sabiduría es la Palabra de Dios, sus obras también "hablan" de Él: "Los cielos cuentan la gloria de Dios, el firmamento proclama la obra de sus manos" (Salmos 19:1, NVI).

El día de hoy, observemos la naturaleza que nos rodea. Escuchemos las aves; fijémonos en las actividades de los animales, la belleza de las flores y los ritmos de los astros. Aprendamos y agradezcamos al Creador que se muestra en tantos impresionantes detalles. Y, como la hormiga, vayamos paso a paso cumpliendo nuestras metas.

Señor, hazme comprender que a través de acciones pequeñas y fieles
puedo lograr grandes metas con tu ayuda.

MH

Noche 44

El temor de Jehová es el principio de la sabiduría,
y el conocimiento del Santísimo es la inteligencia.
Proverbios 9:10, RVR1960

Nunca terminamos de aprender. Cuando creemos que lo sabemos todo sobre un tema, surgen nuevos datos para recordarnos que todavía hay mucho más. Ya sea en el terreno de nuestra profesión, en la educación, o en un pasatiempo, surgen nuevas propuestas y descubrimientos. Pero ¿qué pasa cuando nuestro objeto de estudio es inagotable?

¿Cómo puede una persona conocer a Dios? Ya hemos dicho que un tema central en los proverbios es el temor de Dios. Finalmente, la decisión más importante de nuestra vida es: ¿qué haremos con Dios? ¿Lo seguiremos o lo rechazaremos? No hay terreno neutral para esta pregunta, y como leemos en este proverbio, el temor va acompañado del conocimiento.

Conocer a Dios nos llevará toda la vida y en esta tierra no terminaremos. Él es un ser diferente a nosotros, cuyas cualidades son en sí mismas un misterio. Él es todopoderoso y todo suficiente, santo y justo, compasivo y misericordioso. Dios es amor y luz; vida y verdad. ¿Se le puede conocer? ¡Sí! Porque Él quiere ser conocido. Esa fue la misión de Jesús, pues dijo a su Padre: "Te he dado a conocer a los que me diste en este mundo" (Juan 17:6, NTV).

Podemos ir hoy a la Biblia y leer las historias que contiene. Aun aquellas que hemos oído muchas veces nos enseñarán nuevas verdades sobre quién es Dios. Al orar, al pasar tiempo con Jesús, al ir avanzando en nuestro peregrinaje, Dios seguirá ayudándonos a conocerlo más, y cuando elijamos usar nuestro tiempo y nuestro esfuerzo en conocer al Santísimo, encontraremos la verdadera inteligencia.

Padre Celestial, quiero conocerte más.
KO

Día 45

El que anda en integridad anda seguro,
pero el que pervierte sus caminos será descubierto.
Proverbios 10:9, NBLA

En la actualidad es más probable que nunca que se descubran los hechos vergonzosos ocultos. Se pueden hacer grabaciones en secreto, y las cámaras de seguridad son cada vez más numerosas en todo el mundo. Existen maneras de tener acceso también a los correos electrónicos que uno ha enviado.

En los últimos años nos han escandalizado revelaciones acerca de varios políticos y líderes por medio de esta tecnología. Como resultado, se delatan sus negocios corruptos, sus palabras impropias o sus prácticas inmorales. De un momento a otro, perdemos toda confianza en ellos.

La integridad es rectitud, y su raíz implica que abarca todo el ser. "El que anda en integridad anda seguro", porque su vida es transparente; no se le pueden descubrir iniquidades. "Pero el que pervierte sus caminos será descubierto". Cuando esto ocurre, la persona cae en vergüenza. Algún día, nos asegura la Biblia: "todo lo que hayan dicho en la oscuridad se oirá a plena luz, y todo lo que hayan susurrado a puerta cerrada, ¡se gritará desde los techos para que todo el mundo lo oiga!" (Lucas 12:3, NTV).

Cuidémonos de actuar de forma vergonzosa, pensando que nadie se dará cuenta. Por sobre todos, nuestro Padre celestial nos ve y se entristece. Con su ayuda y poder, andemos con transparencia, con toda seguridad.

Señor, hazme una persona íntegra para que viva sin temor.

MH

Noche 45

Cuando el malvado muere,
mueren con él sus esperanzas e ilusiones.
Proverbios 11:7, DHH

Durante la guerra civil española, las obras de arte del Museo del Prado fueron resguardadas en la Sede de la Sociedad de Naciones en Ginebra, Suiza. En 1939, los franceses ocultaron obras como la Mona Lisa y la Venus de Milo del museo de Louvre en campiñas, lejos del peligro de los bombarderos. Los museos albergan los más hermosos tesoros; custodian nuestra historia.

En el centro de la Plaza Vaticana se erige otro tesoro histórico, el Obelisco que Calígula trajo de Egipto. Deseaba que su estatua fuera adorada como dios en el templo, pero terminó siendo asesinado, muriendo junto con él sus ilusiones de grandeza. El proverbio es cabal: cuando el malvado muere, mueren con él sus esperanzas e ilusiones.

Nuestros proyectos y aspiraciones pueden estar fundamentados en algo mejor que prestigio temporal y recursos materiales perecederos. La Biblia nos orienta: "No mirando nosotros las cosas que se ven, sino las que no se ven; pues las cosas que se ven son temporales, pero las que no se ven son eternas" (2 Corintios 4:18, RVR1960).

Podemos emprender proyectos que Dios pueda usar para su gloria. Todo lo que hacemos vale la pena si lo hacemos para Él. Nuestras esperanzas están fundamentadas en la roca eterna que es nuestro Padre celestial.

Señor, cumple tu propósito en mí.
MG

Día 46

Cada corazón conoce su propia amargura,
y nadie más puede compartir totalmente su alegría.
Proverbios 14:10, NTV

*E*n algunas culturas es penoso que otros te vean llorar, especialmente entre los hombres. El misionero Bruce Olson, autor del libro *Bruchko*, procuró alcanzar a los indígenas motilones de Colombia haciéndose como ellos. Observó que jamás lloraban, ni ante la muerte de un ser querido. Después de "atar las cuerdas de sus hamacas a Jesús", un día experimentaron la muerte del primer creyente, todo un héroe para ellos. Olson se percató de que a muchos les brotaron lágrimas y algunos huyeron a la selva para ocultar el hecho. Uno de ellos bromeó: "A todos nos dio gripa".

Este proverbio afirma que "cada corazón conoce su propia amargura, y nadie más puede compartir totalmente su alegría". Nuestras emociones son hondas y personales. Aun así, la Palabra de Dios nos insta a compartir momentos conmovedores con los demás: "Gozaos con los que se gozan y llorad con los que lloran" (Romanos 12:15, LBLA). Jesús mismo sintió todo el caleidoscopio de emociones del ser humano: gozo, compasión, agonía y mucho más, seguramente con aún más profundidad.

Nuestros sentimientos son una parte íntegra de nuestro ser. Tengamos confianza para abrir nuestro corazón ante Dios en momentos de tristeza, confusión o alegría. Y procuremos acercarnos a los que sufren aun cuando no podamos decir: "Sé lo que sientes". Dios sí sabe y Él siempre comprende.

Señor, hazme sensible a los corazones de quienes pongas
en mi camino el día de hoy.
MH

Noche 46

El temor de Jehová es enseñanza de sabiduría;
y a la honra precede la humildad.
Proverbios 15:33, RVR1960

La humildad es una virtud contraria a la soberbia. Jesucristo es el máximo exponente de humildad. Siendo rico se hizo pobre, siendo Dios vino al mundo a nacer en un humilde pesebre. Se despojó a sí mismo tomando forma de siervo, haciéndose semejante a los hombres. Incluso se sujetó a sus padres terrenales. No vino para ser servido sino para servir. Aun cuando fue traicionado y vituperado, enmudeció y dio su vida muriendo en una cruz, ocupando el lugar que a nosotros correspondía.

Así estuvo determinado que fuera su primera venida a esta tierra. Pero en su segunda venida, Jesucristo ya no regresará como cordero sino como rey. Dios le exaltó hasta lo sumo, y en su nombre se doblará toda rodilla y toda lengua confesará que Jesucristo es el Señor.

En la primera carta de Pedro leemos que Él "está a la diestra de Dios, habiendo subido al cielo después de que le habían sido sometidos ángeles, autoridades y potestades" (1 Pedro 3:22, LBLA). Después de que fue humillado, fue exaltado. ¿Cómo podríamos nosotros pretender algún mérito por lo que hacemos? Siervos inútiles somos, pues hacemos solo lo que debiéramos haber hecho. Aun así, Dios en su justicia y misericordia honrará con coronas a sus hijos.

Nuestras obras serán probadas por el fuego. Si nuestra obra permanece, recibiremos recompensa. Quien se enaltece será humillado, y el que se humilla será exaltado. Es humano desear reconocimiento, pero es mejor seguir el ejemplo de Jesús. ¿Cuáles son tus motivaciones para servir?

Señor, yo te sirvo porque te amo.
MG

Día 47

El que escarnece al pobre
afrenta a su Hacedor.
Proverbios 17:5, RVR1960

Los que han tenido un trasplante de corazón forman una tribu muy especial. El escritor Charles Siebert dice que estas personas no solo reciben un nuevo corazón, sino respuestas sensoriales, antojos y hábitos. En pocas palabras, no solo se sienten agradecidos por una segunda oportunidad de vida, sino que heredan algo de quien les dio ese nuevo corazón.

Cuando creemos en Cristo, recibimos un nuevo corazón y desatamos una reacción espiritual en cadena de gran magnitud. No solo tenemos una nueva oportunidad de vivir —ya no presas del pecado, sino libres y salvas—, sino que heredamos rasgos del Padre que nos adopta y nos da ese nuevo centro de voluntad. Y no hay nada que caracterice tanto a nuestro Dios como su compasión.

Jesús convivió con los pobres y los marginados y "tuvo compasión" (Mateo 14:14, RVR1960). ¿Qué experimenta nuestro corazón cuando leemos que veinticinco mil personas mueren al día por hambre y desnutrición? ¿Qué pensamos al leer que hay millones de huérfanos en el mundo? ¿O que un niño muere por agua contaminada cada veintiún segundos? ¿Se quiebra nuestro corazón por aquello que también pone triste a nuestro Hacedor?

Burlarse del pobre es ofender al Creador. Ignorar que hay gente que necesita nuestra ayuda es una forma de despreciar o minimizar sus desgracias. ¿Qué podemos hacer hoy por los pobres de este mundo? Pensemos en una manera práctica de ayudar ¡y hagámoslo!

Señor, mueve mi corazón a la compasión y a ayudar
a los pobres de este mundo.

KO

Noche 47

Al fracaso lo precede la soberbia humana;
a los honores los precede la humildad.
Proverbios 18:12, NVI

Los dichos y refranes reflejan muchas verdades. Uno que tiene relación con el tema de hoy es de Saavedra Fajardo: "Más reinos derribó la soberbia que la espada, más príncipes se perdieron por sí mismos que por otros".

Una vez andaba yo por la calle y, al fin mujer, quise revisar mi apariencia reflejada en un aparador. Repentinamente me tropecé con algo que estorbaba en el camino y por poco no me caí. Vino a mi mente este versículo, sabiendo que mi orgullo o vanidad puede desviar mi atención de lo más importante.

La soberbia con frecuencia precede al fracaso, y "a los honores los precede la humildad". La persona altanera no toma decisiones sabias sino más bien egoístas. Lo opuesto es aquel que no se siente superior a los demás sino que procura su bien. El máximo ejemplo es nuestro Señor Jesucristo. Tenía todos los derechos del mundo, pero se humilló para vivir y morir por nosotros. "Se rebajó voluntariamente, tomando la naturaleza de siervo y haciéndose semejante a los seres humanos" (Filipenses 2:7, NVI). ¿El resultado final? "Por eso Dios lo exaltó hasta lo sumo" (Filipenses 2:9, NVI).

Pablo nos exhorta: "La actitud de ustedes debe ser como la de Cristo Jesús" (Filipenses 2:5, NVI). Dejemos atrás esos pensamientos que solo se orientan a nuestro propio beneficio. ¡Sigamos las huellas de nuestro Salvador! A su tiempo, Dios nos honrará.

Padre, quiero ser cada día más como Cristo.
MH

Día 48

La casa y las riquezas son herencia de los padres;
mas de Jehová la mujer prudente.
Proverbios 19:14, RVR1960

*U*n genealogista es una persona entendida en genealogías y linajes. Algunas de ellas se dedican a buscar a los herederos de las personas que dejaron un patrimonio al morir sin haber hecho un testamento. Así, se encargan de hacer investigaciones para reconstruir los vínculos familiares y localizar a los parientes para tramitar la herencia.

Una mañana, un hombre de vida modesta recibió la llamada de un genealogista para notificarle que recibiría una herencia de un primo que él ni siquiera conoció. Al principio pensó que seguramente era una broma o una estafa, pero al recibir los documentos legales se dio cuenta de lo afortunado que era. Su vida cambió de un día para otro. Hoy vive agradecido pensando que solamente Dios podría haber realizado tal milagro en su vida.

¿Has pensado que tú misma eres la herencia de Dios para bendecir la vida de otros, en especial de tu esposo? El proverbio de hoy asegura que Dios se ha encargado de bendecir al hombre de una manera muy especial: vinculándolo con una mujer prudente y proveyendo para él la ayuda idónea que necesita.

Seamos casadas o no, si nuestra vida está fundada en Cristo y somos no solamente oidoras de Su palabra, sino practicantes de ella, nos convertimos en un patrimonio valioso. En un regalo que Dios provee para bendecir a todas las personas que nos rodean.

Cúmplase en mí Señor, tu voluntad. La senda hazme
ver con claridad.
MG

Noche 48

Los oídos para oír y los ojos para ver:
¡hermosa pareja que el Señor ha creado!
Proverbios 20:12, NVI

Helen Keller fue una mujer que sufrió una enfermedad que la dejó sorda y ciega desde pequeña. Gracias
a Dios, la familia de Helen pudo sufragar los gastos
de una institutriz que la ayudó a relacionar el mundo interior de
Helen con el mundo exterior. Helen pudo, incluso, llegar a la
universidad. Escribió varios libros, fue conferencista y defensora
de los derechos humanos de los discapacitados. No sabemos el
impacto de la Biblia en la vida de Helen, aunque se sabe que tuvo
la influencia de un ministro y su maestra.

¿Qué sería peor: perder la vista o el oído? Helen Keller escribió:
"Entre no ver y no oír, sin ninguna duda, es mucho peor no oír,
pues no ver te incomunica con los objetos, pero no oír te incomunica con las personas y eso te convierte en un objeto". ¿Conoces a
personas ciegas o sordas? ¿Sufres tú misma de una discapacidad?

A veces nos preguntamos por qué el Señor permite que haya personas con discapacidades. Los discípulos también preguntaron a
Jesús por qué cierto hombre había nacido ciego. ¿Había sido por
sus propios pecados o por los de sus padres? Jesús respondió:
"Nació ciego para que todos vieran el poder de Dios en él" (Juan
9:3, NTV).

Si sufres una discapacidad o conoces a alguien que la sufra, recuerda que Dios tiene planes altos para ti y para ellos. Por otro
lado, alguien ha mencionado que las siete maravillas del mundo
son ver, oír, tocar, probar, sentir, reír y amar y, por seguro, lo son.
¿Qué tan agradecida estás por tus ojos y tus oídos que funcionan bien?

Señor, que tu poder se refleje en mí hoy.
YF

Día 49

Una respuesta sincera
es como un beso en los labios.
Proverbios 24:26, NVI

Se dice que "sincera" es la palabra que describe a la miel pura, sin cera. En latín, se refiere a los que han nacido en un lugar sin mezclarse, hablando de semillas o pueblos que son puros en cuanto a su origen, y que no se han corrompido al mezclarse con ejemplares diferentes. Esto quiere decir que sincero es alguien que se comporta en forma pura y veraz.

Muchos de los profetas del Antiguo Testamento tuvieron que enfrentar maltratos y a veces la muerte por ser sinceros delante de reyes malvados. Recordemos a Jeremías que fue puesto en una cisterna llena de lodo porque a Sedequías no le convenía escuchar lo que Dios le decía a través del profeta, aun cuando le estaba previniendo sobre cómo salvar su vida y la de su familia. Su veracidad le trajo problemas.

Por otro lado, podemos recordar la señal que Judas había dado a los soldados. Saludó a Jesús en el huerto de Getsemaní y le dio un beso, señal para que lo arrestaran. Su traición fue evidente. Nuestro Dios, sin embargo, espera sinceridad de nosotros. En Hebreos 10:22, el escritor nos pide acercarnos "con corazón sincero, en plena certidumbre de fe" (RVR1960).

¿Qué tipo de beso daremos hoy? ¿Uno de traición como el de Judas o uno sin cera, es decir, puro y sin mezclarse con dobles intenciones? Hablemos verdad y comportémonos sin dobleces. Seamos como Jeremías, aunque nos metamos en dificultades.

Señor, ayúdame a ser sincera.

YF

Noche 49

Como ciudad derribada y sin muro
es el hombre cuyo espíritu no tiene rienda.
Proverbios 25:28, RVR1960

En Estambul todavía puedes visitar restos de la muralla que protegía la ciudad. En el pasado, cuando se llamaba Constantinopla, era crucial para su protección. El grupo que lograba penetrar las murallas podía reclamar el trono y causar estragos. Por lo tanto, era impensable vivir en una ciudad con un muro derribado o inexistente. ¿Y qué de nuestro espíritu?

El proverbio del día nos enseña que si carecemos de límites somos como una ciudad indefensa. ¿Te sientes exhausta, drenada y desesperada? Quizá no tienes márgenes en tu vida y no practicas el dominio propio. Una mujer sin control, por ejemplo, come mucho, duerme poco, no tiene tiempo para sí misma ni para Dios. Por eso, necesitamos fronteras.

En la vida espiritual, Henri Nouwen nos dice que la disciplina es "el esfuerzo para crear un espacio en el que Dios pueda actuar". Para esto, necesitamos el control propio que viene del Espíritu, y así conseguir un tiempo para descansar, un lugar para crear, plazos para adaptarnos e, incluso, dinero extra para ahorrar. Jesús mismo no sanó a todos los enfermos, ni visitó todas las ciudades, ni habló con todas las personas en su época. Buscaba estar a solas con su Padre y tener tiempo de calidad con sus seguidores. Incluso dijo a sus apóstoles después de unos días intensos: "Vayamos solos a un lugar tranquilo para descansar un rato" (Marcos 6:31, NTV).

Si estás agotada y no encuentras gozo en tu vida, piensa si tus muros se han derrumbado por falta de disciplina. Cambia tu perspectiva y encuentra los límites que han desaparecido por descuido o pecado, y vuelve a ponerlos.

Padre, ayúdame a reconstruir los muros de mi espíritu.

KO

Día 50

Los sanguinarios odian a las personas intachables,
pero los honrados procuran ayudarlas.
Proverbios 29:10, NTV

*¿T*e imaginas ser tan perfecta que tu persona no admita ni el más mínimo reproche? Que al pensar en ti nadie encontrara un día malo contigo, o que tus registros fiscales mostraran que no debes nada al gobierno. Al contrario, ¡ellos te deben a ti! ¿Y cómo te sentirías de conocer a una persona así? ¿Presumirías que tienes por amiga a alguien irreprochable? ¿Cómo sería estar casada con alguien recto y honorable? Quizá, tristemente, la envidia asomaría su grotesca cara.

¿Recuerdas tus días de escuela? ¿No sentíamos poca simpatía por los más inteligentes, o los más sociables, o los más divertidos? Por lo general, solemos resentir a aquellos que poseen cualidades que anhelamos. Y ninguna historia ejemplifica tan bien la primera frase del proverbio de hoy como la de Jesús.

Pocas personas del primer siglo comprendieron que se encontraban ante Dios encarnado. Pensaban que Jesús era un hombre común y corriente, malinterpretaron sus palabras y acciones. Muchos se sintieron amenazados por su perfección. ¿Y qué hicieron? La mayoría gritó: "¡Crucifícale!". En otras palabras, mancharon sus manos con sangre inocente. Y aunque tú y yo no estuvimos ahí, hemos rechazado al Hijo de Dios. Sin embargo, Él nos da una segunda oportunidad. Nos ofrece su salvación hoy mismo.

Muchas veces contemplo mis manos y pongo las palmas hacia arriba mientras estoy orando. Esta expresión me recuerda que mis manos hirieron las manos de Jesús, pero que las manos de Jesús tomaron los clavos en mi lugar. Hombres sanguinarios y asesinos mataron a Jesús. Él hoy nos ofrece vida. ¡Aceptémosla!

En la cruz vi la luz y las manchas de mi alma yo lavé.
Gracias, Jesús.
KO

Noche 50

Algunas personas maldicen a su padre
y no son agradecidas con su madre.
Proverbios 30:11, NTV

Una fábula antigua cuenta que un hombre caminaba en su campo una fría mañana cuando encontró a una serpiente casi congelada. Aun sabiendo cuán peligrosas son las serpientes, la levantó y la colocó junto a su pecho para calentarla y traerla a la vida. La serpiente pronto revivió, pero al poco tiempo mordió al hombre que había sido amable con ella. ¿Nos sorprende tanta ingratitud?

El proverbio de hoy no nos ofrece detalles sobre el tipo de familia del que provienen los hijos malagradecidos. En aquellos días era menos frecuente la familia monoparental, excepto en casos de muerte. El concepto de honrar a los padres es fundamental en la cultura judeocristiana; de hecho, forma parte de los diez mandamientos que recibió Moisés. La falta de respeto hacia los progenitores muestra una falta de gratitud hacia ellos y hacia Dios.

Cuando el ángel Gabriel anunció a Zacarías que su esposa estéril daría a luz un hijo, que sería Juan el Bautista, le reveló que cumpliría la profecía dada por Malaquías: "Él hará que los padres se reconcilien con sus hijos y los hijos con sus padres" (Malaquías 4:6, NVI). Esta restauración de relaciones es parte de la transformación que anhela Dios para nosotros.

Quizá vivas con algo de rencor hacia tu mamá o tu papá. Quizá hayas sido rebelde ante ellos en algún momento. Puede ser que tú, tus hijos u otros conocidos hayan sufrido por una familia desintegrada o disfuncional. Confía en que Cristo puede usarte como instrumento de reconciliación. Sé agradecido y trata a tus padres con honor.

Señor, enséñame a honrar y agradecer a mis padres,
y perdonarlos si han fallado.
MH

Día 51

Abre su boca con sabiduría,
y la ley de clemencia está en su lengua.
Proverbios 31:26, RVR1960

"E l Chavo del Ocho" era uno de los personajes de Roberto Gómez Bolaños. En este programa de televisión, en la escuela o en la vecindad, todos los personajes hablaban al mismo tiempo. Súbitamente se quedaban callados y solo quedaba "el chavo" hablando, generalmente haciendo algún comentario poco prudente pero gracioso acerca de alguien. Algo así como: "Háganle caso al maestro Longaniza" o "No tan vieja como la bruja del 71". Al darse cuenta de que todos le escuchaban, y ante la cara de desaprobación por parte del agredido, iba dejando de hablar. Era el momento en que los espectadores reíamos ante sus ocurrencias.

En la vida real es diferente. Si no cuidamos nuestras palabras y ofendemos a las personas habrá consecuencias. Podemos meternos en problemas si hablamos imprudentemente.

La reina Ester tenía que hacer una petición a su esposo el rey, pero esperó sabiamente hasta encontrar el momento oportuno. Le reveló que ella era judía y pidió su ayuda para salvar a su pueblo. Como marco de sus palabras, organizó espléndidos banquetes, se vistió con sus hermosos vestidos reales, e incluso pidió previamente apoyo en oración y ayuno. Seguramente escogió cada una de las palabras que usaría para que su mensaje fuera claro y efectivo.

Proverbios como este e historias como la Ester están ahí para instruirnos. Una mujer virtuosa abre su boca con sabiduría, y es considerada al hablar. Decir lo adecuado con las palabras precisas en el momento indicado es actuar con asertividad.

Señor, ayúdame a hablar con sabiduría.
MG

Noche 51

Mas el que me oyere, habitará confiadamente
y vivirá tranquilo, sin temor del mal.
Proverbios 1:33, RVR1960

La "lucha de la cuerda", "juego de la soga" o "tira y afloja" es un juego donde se hacen dos equipos y cada uno coge la cuerda por un extremo. Se hace una línea central y se debe conseguir, tirando de la cuerda, que el equipo contrario traspase la línea y pierda. ¿Lo has jugado? Yo recuerdo bien las manos raspadas y la emoción de ganar. Pero si se aplica a la mente, este juego no es nada divertido.

Cuando me preocupo, siento que se libra el juego de la soga en mi mente y en mi alma. Por un lado, tiran las preocupaciones de alguna situación; por el otro lado, siento que Dios me dice que confíe. No debe sorprendernos que la palabra griega *merimnaó*, que se usa en la Biblia para describir la preocupación, se defina como fractura, algo como ser jaloneada en dos direcciones.

El antídoto de la preocupación está en la Biblia. "No se preocupen por nada; en cambio, oren por todo" (Filipenses 4:6, NTV). Sigamos este sabio consejo y, como dice nuestro proverbio de hoy, viviremos tranquilas. ¿Acaso hay algo más hermoso que vivir en paz y sin afanes?

Si hoy te sientes preocupada o ansiosa, respira hondo y siéntate unos minutos; no tomará más de cinco. Cierra tus ojos y cuéntale a Dios qué cosas te preocupan. Enlístalas, enuméralas, descríbelas. Luego, suelta la soga. Deja de preocuparte y confía en Él.

Señor, no quiero preocuparme por nada, sino orar por todo.

KO

Día 52

Fuente de vida es la boca del justo,
pero la boca de los impíos encubre violencia.
Proverbios 10:11, NBLA

*L*o que decimos puede ser grabado en cualquier momento. Lo que escribimos en los medios sociales se difunde rápidamente. Si nos expresamos de forma indebida, a menudo "encubre violencia".

Una mujer de nuestra iglesia siempre fue muy amable con los nuevos que llegaban. Les daba la bienvenida, charlaba con ellos y los hacía sentirse apreciados. Alguien confesó: "Fue por ella y su amabilidad que regresé". Otra conocida declaró: "Nunca la escuché hablar mal de nadie". Su hablar era, sin duda, "fuente de vida".

Según otra traducción de este proverbio: "Las palabras de los justos son como una fuente que da vida; las palabras de los perversos encubren intenciones violentas" (NTV). En los tiempos bíblicos, una fuente se refería muchas veces a un manantial. En esa tierra árida, las fuentes de agua literalmente significaban la diferencia entre la vida y la muerte. Aun en nuestros tiempos, sin agua no hay vida. A la mujer samaritana Jesús le llamó la atención ofreciéndole "agua viva" que nunca se acabaría (Juan 4). Si hablamos con amor y sobre todo si ofrecemos esa "agua viva" a otros, ¡otras vidas pueden florecer!

Ya sean verbales o escritas, nuestras palabras tienen poder de sanar o herir, de dar esperanza o de deprimir. Seamos conscientes de nuestra influencia sobre los demás.

Padre, que todo lo que diga brote de ti,
¡fuente de vida por excelencia!
MH

Noche 52

El que es imprudente critica a su amigo;
el que piensa lo que dice sabe cuándo guardar silencio.
Proverbios 11:12, TLA

Los educadores han encontrado que, por lo general, el acoso escolar empieza en casa, ya sea por padres autoritarios que gritan y regañan, sin realmente disciplinar, o por hermanos mayores que abusan verbal y físicamente de los menores. En un estudio realizado por la universidad de Bristol, se encontró que el 28% de niños encuestados sufrían por apodos o golpes.

Cuando yo tenía nueve o diez años empecé a generar malos hábitos alimenticios. Tenía un joven tío al que le gustaba hacer bromas a costa de mi apariencia, así que empezó a llamarme "Ninfa *tractoris*", un apodo divertido para algunos, pero bastante hiriente para mí. El apodo, ingenioso y cruel, fue devastador para mi autoestima.

Los apodos entre familiares son comunes, y la mayor parte de las veces son, en realidad, una crítica enmascarada o abierta a las características de una persona. Otra traducción del proverbio de hoy lo expresa así: "El que carece de entendimiento menosprecia a su prójimo; mas el hombre prudente calla" (RVR1960). Poner un apodo a una persona, destacando sus debilidades, es una forma de menosprecio. Aun cuando sea divertido e ingenioso, es mejor ser prudente y callar.

No es fácil romper con un ciclo de burlas y menosprecio en la familia, pero divertirnos a expensas de las debilidades de otro no es gracioso. ¿Qué puedes hacer al respecto? No seas parte ni te rías, sino muestra con la Palabra que es mejor tratar de encontrar expresiones que refuercen nuestro aprecio por amigos y familiares, en especial por los niños.

Señor, sana mis heridas y ayúdame a no herir
a los demás con mis palabras.

MG

Día 53

Nadie puede afirmarse por medio de la maldad;
solo queda firme la raíz de los justos.
Proverbios 12:3, NVI

Calígula fue uno de los más terribles emperadores romanos. Al principio desempeñó bien su puesto de emperador, tanto que cuando enfermó, hubo gente que se ofreció a los dioses para que se recuperara. Cuando sanó de su enfermedad, ejecutó a los que se habían ofrecido a los dioses por su recuperación y obligó a personas que creía que conspiraban contra él a suicidarse. Debido a sus excesos, se endeudó e impuso impuestos elevados al pueblo y, para apoderarse de los bienes, mataba a los propietarios.

Se autonombró "dios", se hizo tres templos en su honor y obligó al Senado y a la gente a adorarle. Era un pervertido sexual y nombró Cónsul a su caballo para ridiculizar a los miembros del Senado, pues su caballo, según él, era mejor que ellos. Ordenó al ejército romano adentrarse en el mar golpeando con sus espadas para pelear en contra de Neptuno, el dios marítimo. No es coincidencia que haya sido el primer emperador romano asesinado.

Nadie puede afirmarse en un puesto por medio de la maldad. Cuando alguien tiene poder y maltrata a los que están bajo su dominio, está en contra de una ley divina. Al morir Calígula, Séneca dijo: "La naturaleza lo produjo, en mi opinión, para demostrar hasta dónde puede llegar el vicio ilimitado cuando se combina con un poder ilimitado".

En algún momento de tu vida, Dios va a darte dominio sobre alguien más. Quizá lo tienes ahora mismo. Sé alguien a quien tus subalternos recuerden con cariño y no con odio. Recuerda, como nos dice Pablo, que tú también tienes "un Amo en el cielo" (Colosenses 4:1, NTV).

Padre, que aprenda a tratar a los demás con justicia y respeto.

YF

Noche 53

El alma del perezoso desea, y nada alcanza;
mas el alma de los diligentes será prosperada.
Proverbios 13:4, RVR1960

Una famosa anécdota cuenta que un hombre se acercó a un virtuoso pianista al terminar un concierto y le dijo: "Daría media vida por tocar el piano como usted lo hace". El pianista lo miró y respondió: "Es exactamente lo que he hecho". Un tío mío que toca el oboe me contó que practica muchas horas antes de un concierto. Lo que en el escenario luce sencillo, ha tomado tiempo y esfuerzo.

Cuando empecé a escribir pensé que sería sencillo. Solo requería sentarme y teclear una historia. Sin embargo, con el tiempo comprendí que requería muchas revisiones, reescribir secciones enteras, llegar a acuerdos con editores, así como pulir y pulir un texto. ¡Es trabajo duro! Y si bien el ser diligentes en nuestra área de trabajo es importante, ¡lo es también en lo espiritual!

Leemos de Esdras, un hombre que volvió a Jerusalén después del exilio. Él no solo contaba con la aprobación de Dios, sino con buenos hábitos. Era "escriba diligente en la ley de Moisés… y le concedió el rey todo lo que le pidió, porque la mano de Jehová su Dios estaba sobre Esdras" (Esdras 7:6, RVR1960). Esdras no solo aprendía de Dios, sino que compartía con otros lo aprendido por medio de la enseñanza. ¡Y Dios lo prosperó! El rey de una nación poderosa le concedió sus peticiones.

Seamos diligentes en nuestra lectura bíblica. Quizá deseamos saber más de Dios y conocerle más, pero el simple deseo, como dice nuestro proverbio, no nos ayudará si somos perezosas. En cambio, si trabajamos con esmero, ¡prosperaremos!

Señor, quiero ser más diligente en tu Palabra, como Esdras.

KO

Día 54

Delante de cada persona hay un camino
que parece correcto, pero termina en muerte.
Proverbios 14:12, NTV

*E*n nuestro medio predominan mensajes como "Solo hazlo" de la empresa Nike o "Tú eres el número uno", frases que motivan al público a centrarse en ellos mismos y sus deseos. A la vez, la filosofía predominante es que la verdad es relativa y "tu verdad" es la que realmente vale.

Cuando era joven universitaria, una compañera me dio un consejo: "Olvida lo que te enseñaron tus padres y tu religión. Haz lo que te parece bien a ti". Dudé en cuanto a la sabiduría de sus palabras, pero reflejaban el ambiente que me rodeaba y hasta cierto punto las seguí. Gracias a Dios, Cristo irrumpió en mi vida y me indicó que solo Él era el camino correcto.

La mayoría de la gente escoge "un camino que parece correcto" y que "termina en muerte" si no permite que el Creador de todo esté a cargo. Cuando los reyes y el pueblo de Israel y Judá se desviaron y eligieron adorar ídolos y practicar la injusticia, sufrieron la derrota y el exilio. El joven rico del evangelio de Marcos que anhelaba la vida eterna, a quien Jesús lo retó a dejar de depender de su riqueza, estaba "afligido" y "se fue triste, porque era dueño de muchos bienes" (Marcos 10:22, NBLA).

¿Estamos siguiendo "un camino que parece correcto" pero que no lo es? Si nuestra prioridad es la comodidad, la popularidad, sentirnos bien o pasarla bien, lo más seguro es que nos hemos equivocado de camino. Elijamos el camino de la vida que nos ofrece Cristo Jesús.

Señor, quiero seguir tu camino, el que lleva a la vida eterna,
y no el mío.
MH

Noche 54

A Jehová presta el que da al pobre,
y el bien que ha hecho, se lo volverá a pagar.
Proverbios 19:17, RVR1960

El escritor ruso León Tolstoi fue una persona muy dadivosa. Aun cuando fue hijo de un señor feudal con setecientos siervos, Tolstoi se hacía sus propios zapatos y no permitía que los sirvientes tendieran su cama. Llegó al extremo de donar todas sus posesiones para beneficio de los pobres.

En uno de sus cuentos, *El zapatero remendón*, narra cómo el zapatero Martín se quedó dormido después de leer la Biblia. Escuchó la voz de Jesús diciéndole que lo visitaría. Por la mañana preparó una sopa y miraba hacia la ventana esperando la visita. Entonces miró a un anciano agotado de palear la nieve y le invitó a tomar un té caliente. Más tarde, mientras seguía pendiente, notó a una pobre mujer vestida con andrajos, y le dio sopa y una capa para el frío. Martín seguía esperando, cuando observó cómo un jovencito le robó una manzana a una viejecita, quien amenazó con entregarlo a la policía. Intervino haciendo la paz entre ellos.

Ya terminando el día, escuchó una voz diciendo: "Martín, ¿no me conoces? Soy yo". Y del rincón oscuro surgió la imagen del anciano, la mujer pobre y la vendedora de manzanas. Martín sintió una gran alegría y empezó a leer el evangelio en la página abierta: "Porque tuve hambre, y me disteis de comer; tuve sed, y me disteis de beber; fui forastero; y me recogisteis… en cuanto lo hicisteis a uno de estos mis hermanos más pequeños, a mí lo hicisteis" (Mateo 25:35-36, 40, RVR1960).

Pasemos de la observación a la acción. Busquemos a Jesús en cada persona que no tiene sustento, refugio o cuidado.

Señor, hazme sensible a las necesidades de otros.

MG

Día 55

El espíritu que Dios ha dado al hombre
es luz que alumbra lo más profundo de su ser.
Proverbios 20:27, DHH

¿*S*abías que hay más de cuatro mil trecientas religiones en el mundo? El 75% de la población mundial, sin embargo, practica estas cinco: budismo, cristianismo, hinduismo, islam y judaísmo. De estas cinco, el cristianismo y el islam son las más practicadas. Sin embargo, si agrupáramos las personas sin religión, ocuparían el tercer lugar.

La raza humana es religiosa por naturaleza. Todas las culturas antiguas han venerado deidades buscando llenar la necesidad espiritual que tiene el corazón humano. Dios ha puesto en el espíritu del hombre algo que lo pone inquieto, algo que le hace pensar en lo espiritual para alumbrar lo más profundo de su ser. Pero ese vacío nunca va a ser llenado a menos que Dios mismo lo quiera llenar.

Y Dios ha querido hacerlo, pero tenía que arreglar primero el problema que nos separaba de Él: el pecado. Así que se dio a sí mismo como sacrificio por nuestros pecados y abrió el camino para la reconciliación. Dios, en su Palabra nos promete: "Después de aquellos días, dice el Señor: Pondré mis leyes en la mente de ellos, y sobre su corazón las escribiré; y seré a ellos por Dios, y ellos me serán a mí por pueblo" (Hebreos 8:10, RVR1960)

Probablemente tenemos familiares, amigos o conocidos que no son salvos todavía. Nuestro cometido es mostrarles la luz que tenemos en nuestro espíritu para que también les alumbre a ellos. Oremos al Señor que llene el vacío que tienen en su corazón.

Padre, hoy te pido por (nombres) que aún no conocen de ti.
YF

Noche 55

No hay sabiduría humana ni entendimiento ni proyecto
que puedan hacerle frente al Señor.
Proverbios 21:30, NTV

Los telescopios y los microscopios tienen el mismo propósito: ayudarnos a ver lo que el ojo humano no puede. Sin embargo, también son muy distintos. Los microscopios nos permiten ver lo pequeño y los telescopios lo grande y alejado. En otras palabras, debemos aprender a ver lo que no siempre es obvio: lo individual y el panorama completo.

Nuestras vidas no solo se componen de las pequeñas y continuas decisiones que tomamos, sino que formamos parte de un mundo más grande y complejo, donde lo que decimos y hacemos afecta a los demás. Y además, como dice nuestro proverbio, Dios ya tiene trazada nuestra microscópica historia y el telescópico plan de este mundo y la humanidad. ¡Y nadie puede hacerle frente!

José, por ejemplo, no vio con claridad el panorama completo hasta la muerte de su padre. Sus debilidades y sufrimientos no adquirieron sentido hasta que pudo comprender que el plan de Dios era que salvara a su familia. Entonces pudo decir a sus hermanos: "Ustedes se propusieron hacerme mal, pero Dios dispuso todo para bien" (Génesis 50:20, NTV).

Si hoy estás mirando tu vida solo con el microscopio, saca el telescopio y recuerda que todo, lo bueno y lo malo, forma parte del gran plan de Dios para ti. Si solo estás mirando el panorama completo, recuerda que las pequeñas decisiones del hoy afectarán tu futuro. Aprendamos a ver como Dios mira, pues Él todo dispone para nuestro bien y nadie puede contra sus propósitos.

Señor, enséñame a ver como tú ves.

KO

Día 56

El que ama la pureza del corazón y habla con gracia
tendrá al rey como amigo.
Proverbios 22:11, NTV

*E*n la actualidad existen pocos reyes, pero además de presidentes y gobernantes, muchos quisieran acercarse a sus estrellas de cine favoritas, a sus héroes del deporte o a los cantantes de moda. En el pasado se anhelaba tener sus autógrafos; ahora es más común querer aparecer en una foto junto a ellos. Pero ser amigos de los famosos es privilegio de muy pocos.

La hija de unos amigos misioneros recibió un favor impresionante de parte de una organización que les concedía un deseo a chicos con cáncer: pudo entrevistarse con el príncipe Carlos de Inglaterra. No logró esa oportunidad por tener riquezas o una alta posición, ni por algún éxito que la hiciera famosa, sino realmente por la gracia de Dios.

Como cristianos, consideramos que Cristo es nuestro Rey y Señor. No podemos ganar su favor con ofrendas generosas, obras piadosas o impresionantes conocimientos. "El que ama la pureza del corazón y habla con gracia tendrá al rey como amigo". Y Él mismo nos ha purificado los corazones para que podamos entrar en su presencia. Consideremos a Abraham, de quien sabemos que: "Dios lo consideró justo debido a su fe. Incluso lo llamaron 'amigo de Dios'" (Santiago 2:23, NTV).

¡Qué gran privilegio es poder ser amigos de nuestro Rey! Solo podemos entrar en su presencia por su gracia mostrada en la muerte de Cristo, por la pureza que solo Él nos pudo conceder y por la fe en Él. Gocémonos en este gran regalo de su amistad.

Mi Rey y mi Señor, ¡gracias por hacerme tu amiga!
MH

Noche 56

No mires al vino cuando rojea,
cuando resplandece su color en la copa.
Proverbios 23:31, RVR1960

Una composición popularizada por Mariano Osorio dice: "¿Me conoces? Soy… el compañero de todos los goces mundanos, el mensajero de la muerte que gobierna al mundo. Yo estoy presente en todas partes, en todas las ceremonias, ninguna tiene lugar sin mi presencia. Fabrico adulterios, hago nacer en los corazones pensamientos negros y criminales. Yo acabo con la familia …ocasionando los conflictos, crímenes y desgracias …Yo soy vuestro rey. Su majestad: el alcohol".

Aun conociendo sus efectos negativos, la mayoría de las personas con esta adicción nunca pensaron quedar atrapadas en ella. Una de las características de las tentaciones es la sutileza. El proverbio nos dice que entra suavemente. Es impresionante la manera en que puede terminar algo que empieza solo con mirar la copa.

¿Sabías que la adicción al alcohol se incrementó 250% en los jóvenes durante el año 2020 a causa del confinamiento por la pandemia? La Biblia es muy clara: "No se emborrachen con vino, porque eso les arruinará la vida" (Efesios 5:18, NTV). Si nos sentimos con necesidad de control, dejemos que sea el Espíritu Santo quien nos guíe, nos anime y nos consuele, y no una sustancia tóxica.

La realidad del alcoholismo en nuestra sociedad nos debe mover a la oración, al evangelismo y a la orientación oportuna de nuestros jóvenes. Es nuestra misión comunicarles que el vacío que intentan llenar con un vicio solo puede ser satisfecho por Cristo. ¿Conoces a alguien con este problema por quien puedes orar hoy?

Señor, protege y líbranos del lazo de las adicciones.
MG

Día 57

Comer mucha miel no es bueno,
ni buscar la propia gloria es gloria.
Proverbios 25:27, RVR1960

*L*a miel es nutritiva y saludable, pero si comes demasiada miel cruda puedes producir una reacción alérgica en tu cuerpo que lleve a una falla cardiaca e, incluso, a la muerte. Del mismo modo, buscar honores para uno mismo no es bueno. Sin embargo, ¡cómo luchamos con este tema!

¿No es verdad que la mayoría de las veces nuestra identidad se define por lo que otros piensan de nosotros? Necesitamos, casi como una droga, que los demás piensen que somos "buenas personas", o "excelentes madres", o "las mejores maestras", o "cristianas dignas de imitar". Y si esto no ocurre, ¡nos angustiamos! Por lo mismo decimos "sí" muchas veces, cuando queremos decir "no".

En la Biblia, muchos lucharon con este tema. Algunos líderes judíos "amaban más la aprobación humana que la aprobación de Dios" (Juan 12:43, NTV). Pedro "tenía miedo a la crítica", así que no quiso comer con los que no eran judíos (Gálatas 2:12, NTV). ¿Cuál es entonces el remedio? No preocuparnos ni buscar honores para nosotras mismas, pues "una persona con un corazón transformado busca la aprobación de Dios, no la de la gente" (Romanos 2:29, NTV).

Todas luchamos con este tema y seguramente nos cuesta trabajo identificarlo. Pero la próxima vez que te hagan una invitación y quieras decir "no" porque estás cansada o tienes otras prioridades, dilo. Que no te importe si otros aprueban o no tu decisión. Si fallas y otros piensan que no eres "perfecta", ¡bingo! ¡Es verdad! ¡No lo somos!

Señor, sáciame con tu aprobación.
KO

Noche 57

Por falta de leña se apaga el fuego,
y donde no hay chismoso, se calma la discusión.
Proverbios 26:20, NBLA

¿Qué hacer cuando estás con la puerta cerrada en una habitación y comienza un fuego? Primero, si puedes ver humo saliendo por el marco de la puerta, ¡no la abras! Segundo, si no ves humo, toca la puerta. Si está caliente, ¡no la abras! Tercero, si no ves humo ni está caliente, pero tocas el picaporte y está caliente, ¡no abras! Si eso hacemos con el fuego, ¿por qué no con el chisme?

Son populares los programas de televisión que se dedican al chisme sobre las celebridades. La palabra *chisme* se refiere a un comentario no verificado que circula entre la gente, generalmente de carácter negativo. En ocasiones se usa como sinónimo de *mentira*. De todas maneras, tiende a perjudicar a otros, como "fuego" que destruye.

Así como donde ya no hay leña "se apaga el fuego", donde no hay chismoso, se calma la discusión. Aunque la mayoría no lo considera pecado grave, el chismoso se incluye en la categoría del ladrón y el homicida, ya que busca dañar y herir: "Si sufren, que no sea por matar, robar, causar problemas o entrometerse en asuntos ajenos" (1 Pedro 4:15, NTV). Es difamar y deshonrar a una persona.

Seamos sensibles al hecho de que las peleas y discusiones a menudo nacen de palabras indebidas. ¿Qué hacer cuando estás en una habitación y comienza un incendio de chismes? Como vimos más atrás, ¡no abras la puerta! Cuando surjan llamas del chisme, procuremos alejarnos para no alimentar el fuego.

Señor, que mis palabras apaguen y no enciendan fuegos.

MH

Día 58

Sé diligente en conocer el estado de tus ovejas,
Y mira con cuidado por tus rebaños.
Proverbios 27:23, RVR1960

Nueva Zelanda es conocido por ser un país con más ovejas que población humana. En 2017, por ejemplo, se calcula que había treinta millones de ovejas por cuatro millones de habitantes. Es una de las industrias más importantes de la isla. En el siglo XIX exportaba lana; ahora produce carne principalmente.

La obtención de lana para el comercio siempre ha sido una manera de subsistir, y así era en los tiempos bíblicos. De modo que el consejo de estar al pendiente de las ovejas está orientado a ser buenos administradores de lo que Dios nos da. Como mujeres, somos responsables de velar por el patrimonio familiar administrando bien la provisión del esposo y enseñando a nuestros hijos a cuidar las instalaciones donde vivimos.

Pablo le pidió a Tito que las mujeres mayores enseñaran a las menores "a ser prudentes, castas, cuidadosas de su casa, buenas, sujetas a sus maridos" para que la Palabra de Dios no fuera blasfemada (Tito 2:5, RVR1960). Una de las razones por las que Dios quiere que vivamos de forma ordenada y limpia es para ser ejemplo de familias con hogares donde reine la paz y la armonía.

En cada área de nuestra vida, es importante cuidarse de no caer en los extremos. Que el orden y limpieza no se convierta en una obsesión que le robe a la familia la libertad de disfrutar del hogar. Al mismo tiempo nunca permitas que tu casa brille más que tú. El cuidado de ti misma debe ser aún más importante.

Señor, ayúdame a aprender a tener un orden correcto
en mis prioridades.
MG

Noche 58

En cambio, con líderes sabios y entendidos viene la estabilidad.
Proverbios 28:2, NTV

Vivimos tiempos muy complicados, donde la valentía es uno de los valores más olvidados. Sin embargo, ¡cuánto la necesitamos! ¿Cuándo fue la última vez que escuchaste de un bombero que se arriesgó a entrar al fuego para salvar a un niño? ¿O un estudiante que alzó su mano durante una ponencia para refutar las ideas erróneas de un catedrático?

Martín Lutero seguramente sintió miedo al enfrentar las audiencias en las que le exigían renunciar a sus ideas, pero se mantuvo firme. ¿Qué hizo que no se acobardara? Ciertamente no fue la idea de un futuro mejor, pues sabía que podía enfrentar la misma muerte o el destierro. Su pensamiento era el siguiente: "A menos que sea convencido por las Escrituras o la razón… no puedo, en buena consciencia, retractarme".

Ahora bien, no es fácil mostrar este tipo de valentía, pero la podemos definir como esas ganas ardientes de conocer la verdad, incluso cuando incluye reconsiderar nuestras propias creencias. Una vez que la encontramos, defendemos nuestras convicciones aun cuando la mayoría nos amenace o se burle. Saulo de Tarso es un claro ejemplo de esto. Él creía estar siguiendo la verdad como fariseo, pero cuando Dios lo retó y conoció a Jesús, estuvo dispuesto a reconsiderar, cambiar y morir por el Evangelio.

¿Eres valiente? No es sencillo, sobre todo en un mundo donde la mayoría prefiere las mentiras. Pero ten el valor de dar tu opinión, de preguntar cuando no sabes, de ser capaz de evaluar la información que se te presenta para comprender cuál es la verdad. Como dice nuestro proverbio, cuando los sabios están presentes en una sociedad, el pueblo se alegra.

Padre, dame el valor de defender la verdad.
KO

Día 59

*La gente malvada queda atrapada por el pecado,
pero los justos escapan con gritos de alegría.*
Proverbios 29:6, NTV

heresienstadt fue un campo-gueto de los nazis. Servía como lugar de tránsito rumbo a los centros de exterminio como gueto para los judíos que eran celebridades locales y para retener a otros judíos, quizá ancianos o discapacitados. En la propaganda nazi, se describía como una "ciudad balnearia" donde los judíos alemanes ancianos podían "jubilarse" con seguridad. Así también actúa el pecado.

El enemigo de Dios, Satanás, pinta un cuadro tipo "balneario" de una vida de pecado. Nos dice que ahí podemos hacer lo que queramos y que tenemos libertad de elección sin consecuencias funestas. Mical Beer, prisionera en Theresienstadt, describió el día de su liberación en su diario. "Después de los disparos... se escuchó la voz de una mujer... "¡Una bandera roja!". Se escucharon gritos de gozo —y respiramos con alivio. ¡Habíamos logrado sobrevivir!".

Nuestro proverbio de hoy dice que los justos escapan del pecado con gritos de alegría. Supongo es algo similar a lo que siente una persona que ha estado injustamente en un campo de prisioneros o ha sido secuestrada. ¡Hay gozo y cantos! ¡Gritos y júbilo! Cuando Jesús nos libra del campo de concentración del pecado, podemos volver a respirar. ¡Hemos sobrevivido! ¿Lo has experimentado?

Hoy puedes liberarte del pecado. Hoy puedes comenzar una vida nueva. Solo tienes que creer en las palabras de Jesús: "Les digo la verdad, todos los que escuchan mi mensaje y creen en Dios, quien me envió, tienen vida eterna. Nunca serán condenados por sus pecados, pues ya han pasado de la muerte a la vida" (Juan 5:24, NTV). ¿Lo crees?

Señor, gracias porque me has librado del pecado.

KO

Noche 59

Se consideran puras en su propia opinión,
pero están sucias y no se han lavado.
Proverbios 30:12, NTV

Las sustancias para limpiarse han evolucionado. Ahora tenemos una plétora de jabones sólidos y líquidos, algunos antibacteriales. En tiempos de pandemia se incrementó la venta de geles, alcohol y otras sustancias para desinfectar a las personas y objetos. Aun así, ninguna purifica el interior de nuestro ser.

Al llegar los conquistadores a México, descubrieron que los indígenas practicaban el aseo diario en lagos, ríos o temazcales (baños de vapor). La higiene de los españoles distaba mucho de esas costumbres. De hecho, en el siglo XIV, los médicos europeos ya desaconsejaban los baños calientes. Se dice que Luis XIV solo se bañó dos veces en toda su vida, pero se consideraba muy limpio por cambiarse de ropa dos veces al día.

Este proverbio se refiere a quienes se creen puros, pero están sucios. Por supuesto, se refiere a su estado espiritual. Seguramente guardaban ciertos mandamientos rituales con rigor, sin guardar una verdadera devoción hacia Dios. De la misma manera, Dios le reclama a la iglesia de Laodicea: "Porque tú dices: Yo soy rico... y de ninguna cosa tengo necesidad; y no sabes que tú eres un desventurado, miserable, pobre, ciego y desnudo" (Apocalipsis 3:17, RVR1960). No habían permitido que Jesucristo realmente los limpiara y sanara desde adentro.

Si somos limpias y pulcras, tenemos hábitos encomiables. Pero el "baño diario" debe incluir la higiene mental y espiritual. ¿Has permitido que Cristo te haga una "nueva creación"? (2 Corintios 5:17). Este es el primer paso. Después hace falta confesar los pecados y acercarnos al Señor de forma constante.

Crea en mí, oh, Señor, un corazón limpio.

MH

Día 60

El corazón de su marido está en ella confiado,
y no carecerá de ganancias.
Proverbios 31:11, RVR1960

L a frase: "No puede haber amistad sin confianza, ni confianza sin integridad" de Samuel Johnson ha sido sumamente útil para mí a lo largo de la vida. Sé que lo mejor que puedo hacer para ser una persona digna de confianza, una buena amiga y esposa, es ser íntegra.

Las presiones del hombre en el mundo actual son muy demandantes y agobiantes. Un esposo necesita saber que su pareja está de su parte, apoyándolo y jugando en su mismo equipo. Su corazón confía en la fidelidad de su amada. Esta lealtad incluye no hablar mal de él a sus espaldas. Necesita saber que juntos pueden hacer buen uso de las finanzas familiares, y que ella cuidará bien de los hijos aun cuando él no se encuentre en casa.

La mujer virtuosa de Proverbios le da bien y no mal a su esposo "todos los días de su vida". Aún lo hace en los días en que se siente enojada, defraudada, enferma o herida. Todos los días.

La relación matrimonial es también una relación de amistad, donde la confianza va de la mano con la integridad. Un esposo tranquilo es un esposo feliz. Dios es justo y si tú como esposa haces el bien, tienes la promesa de cosechar lo que has sembrado.

Señor, este día quiero dar bien a mi esposo.
Ayúdame por favor a ser una esposa confiable.
MG

Noche 60

Comerán del fruto de su camino,
y serán hastiados de su propio consejo.
Proverbios 1:31, RVR1960

El dicho: "No le pidas peras al olmo" nos muestra una ley fundamental: segamos lo que sembramos. No cosecharemos manzanas, a menos que hayamos plantado un manzano. No habrá uvas sin vid. Y este proverbio nos recuerda que en esta vida comemos el fruto de lo que hemos cultivado.

Una vida sin Dios produce mentiras, enemistades, borracheras, pleitos, celos, envidia y enojo. Cuando Él no forma parte de nuestro diario vivir, lo natural es no pensar en los demás. Sin Dios en el panorama, no creemos en una vida después de la muerte, así que nos regimos por el "vive y dejar vivir". Pero basta un vistazo a nuestra sociedad actual para ver lo que hemos provocado: gobiernos corruptos, familias destruidas, entretenimiento inmoral, abusos y trata de personas.

El apóstol Pablo escribió que "el que siembra para el Espíritu, del Espíritu segará vida eterna" (Gálatas 6:8, RVR1960). En Gálatas nos dice que cuando Dios forma parte de nuestra vida, cosechamos amor, gozo, paz, paciencia, bondad, amabilidad, fidelidad, control propio y humildad (Gálatas 5:22-23, NTV). ¿No es una mejor lista que la anterior?

En el proverbio de hoy, el sabio escritor lamenta que quienes menosprecian la sabiduría, comerán del fruto de su camino, es decir, cosecharán lo que sembraron. ¿Qué cultivaremos el día de hoy? Recuerda que la Palabra de Dios es como una semilla: si diariamente plantamos estos proverbios en nuestros corazones, comeremos un fruto dulce, sabroso y nutritivo.

Señor, ayúdame a sembrar tu Palabra en mi vida
para cosechar todo lo bueno que viene de ti.

KO

Día 61

Va a inspeccionar un campo y lo compra;
con sus ganancias planta un viñedo.
Proverbios 31:16, NTV

Se ha dicho que la cultura latina es poco previsora, lo cual complica la tarea de los vendedores de seguros. Entre otros factores está el bajo nivel de ahorro. Es costumbre vivir "al día" y planear poco. Se gasta lo que no se tiene. Se pide prestado para fiestas especiales, con un lujo poco realista que genera grandes deudas.

Una amiga que ha trabajado desde joven limpiando casas ajenas, tenía pocos recursos, pero los cuidaba sabiamente. Apartó dinero para comprar una máquina de tejer para ganar algo haciendo prendas. Luego, ella y su esposo fueron ahorrando fondos para ir pagando un terreno y haciendo una casita, poco a poco. Mucho antes de que nosotros —que éramos mayores que ella— tuviéramos casa propia, ¡ellos con su esfuerzo ya la tenían!

La mujer descrita aquí es totalmente previsora. Ahorra, compra terrenos e invierte en ellos. Aparentemente, su esposo confía en ella para que tome esas decisiones; sabe que es buena administradora. Así confió el faraón de Egipto en José: "José quedó a cargo de toda la casa del rey; llegó a ser el administrador de todas sus posesiones" (Salmos 105:21, NTV). Combinar el don de administrar con la responsabilidad es, ciertamente, de apreciar.

¿Somos como la mujer virtuosa? ¿Somos ahorradoras y previsoras?

Padre, enséñame a ser buena administradora
de los recursos que me das.
MH

Noche 61

Los malvados no duermen si no hacen lo malo;
pierden el sueño si no hacen que alguien caiga.
Proverbios 4:16, NVI

La maldad hoy está en su apogeo: oímos sobre asesinatos, robos descarados, gobernantes corruptos, pornografía, drogas, secuestros, desapariciones, venta de niños y mujeres, esclavitud en pleno siglo XXI. En lugar de mejorar, la raza humana está en plena decadencia.

Leí la historia de una mujer que había escapado de una banda de tratantes de blancas. Casi no le daban de comer y la mantenían encerrada junto con otras muchas mujeres en una jaula, donde no había espacio para que pudieran acostarse en el suelo. De cuando en cuando, eran golpeadas hasta desmayarse y, cuando alguien no cooperaba, simplemente la mataban y la sustituían con alguna otra chica robada. Pudo escaparse cuando uno de los tipos que las cuidaban se emborrachó y dejó las llaves de la jaula al alcance de ella. Al abrir la jaula, les dijo a las otras chicas que se escaparan con ella, pero, por el miedo terrible que tenían, no quisieron. Cuando escapó, la persiguieron tirándole a matar, pero ella se escondió entre la vegetación y esperó hasta que pudo llegar a un lugar seguro.

Jesús vino a "pregonar libertad a los cautivos" (Lucas 4:18, RVR 1960). Sin embargo, como sucedió en la historia anterior, quizá cuando vemos la puerta abierta hacia la libertad el miedo nos paraliza y ¡no aceptamos la salida que se nos ha ofrecido!

Hoy podemos orar por la liberación de todas esas personas que están sufriendo por esta gente malvada. Pero también, pensemos en si hemos recibido la libertad que Jesús nos ofrece.

Señor, haz justicia en esta tierra y libera a las personas
que están sufriendo esclavitud.
YF

Día 62

Su disciplina correctiva
es el camino que lleva a la vida.
Proverbios 6:23, NTV

"**D**isciplina" es para algunos una mala palabra. Muchos prefieren lo que creen que es lo opuesto, ser supuestamente "libres". En numerosos países estamos viendo una vuelta al uso de la violencia y la delincuencia para protestar. ¿Tendrá algo que ver con niños criados con tan poca disciplina que este comportamiento se considera aceptable?

Uno de mis hijos observó que un compañerito de la escuela era bastante mal portado y que no lo corregían sus padres. Me preguntó: "¿Es que sus papis no lo quieren?". Me asombró que se diera cuenta de que los padres disciplinamos a los pequeños por amor.

La "disciplina correctiva… lleva a la vida". Otro pasaje exhorta a los padres con hijos: "Críenlos con la disciplina e instrucción que proviene del Señor" (Efesios 6:4, NTV). Así es la disciplina de Dios, que nace de su amor por nosotros. Su propósito es la instrucción, no la destrucción. No es castigo ni venganza. "Lleva a la vida", a una vida plena, la de un verdadero discípulo. ¿Vemos la relación entre la palabra disciplina y discípulo?

Cuando nos desviamos por un camino equivocado, podemos experimentar esa disciplina de Dios que nos vuelve al camino de la vida. Nos guía a perdonar y pedir perdón. Nos motiva a desechar los hábitos nocivos. Aún es posible que nos ponga obstáculos para recordarnos: "Este no es el camino correcto". ¿De qué forma nos ha disciplinado recientemente?

Padre, como tu hija sé que me corriges con amor.
Ayúdame a responder como Tú quieres.

MH

Noche 62

Yo amo a los que me aman,
y me hallan los que temprano me buscan.
Proverbios 8:17, RVR1960

¿Recuerdan a las mujeres que fueron a la tumba del Señor Jesús un domingo temprano? Pienso que muchas hemos anhelado ser una de ellas. Personalmente, me he imaginado caminando con María Magdalena, Salomé y la otra María llevando las especias para embalsamar el cuerpo de Jesús. La Biblia dice que fue muy temprano en la mañana.

¿Con cuánto tiempo de anticipación estuvieron planeando ese encuentro? ¿Se quedaron en la casa de una de ellas la noche anterior para llegar juntas? ¿Qué platicaron esa noche? Al pensar en las respuestas, es evidente que el amor que le tenían a Jesús las unía y sentían emoción al pensar en verlo una vez más, aunque fuera la última vez. Creo que no durmieron esa noche, y quizás comentaban lo que harían al llegar. Se levantaron antes de que saliera el sol y fueron de prisa. Ellas pensaban encontrar al Señor muerto. Nunca imaginaron la sorpresa que se llevarían. Primero, se encontraron con ángeles que hablaron con ellas.

¿Te imaginas encontrarte de repente hablando con un ángel? Pero lo más insólito es que después encontraron al Señor Jesús mismo, pero no muerto, ¡sino vivo! Imagino al Señor diciéndoles: "Hijas amadas, yo amo a las que me aman y me encuentran las que temprano me buscan". Y la respuesta de ellas fue una adoración callada, a sus pies.

¿Es nuestro amor por el Señor y Rey suficientemente grande como para que le busquemos temprano en la mañana? Así como las mujeres del relato bíblico, podríamos venir con una expectativa y, ya en su presencia, encontrarnos con una bendición mucho más grande.

Señor, te amo y quiero buscarte muy de mañana.
YF

Día 63

Las ganancias de los justos realzan sus vidas,
pero la gente malvada derrocha su dinero en el pecado.
Proverbios 10:16, NTV

Aunque en América Latina la pobreza es un lastre para la sociedad, vemos que las mafias y cárteles no carecen de fondos para hacer sus fechorías. Algunos de estos están armados como el mejor ejército. Es "gente malvada [que] derrocha su dinero en el pecado", para herir, matar y además atrapar a personas inocentes en sus redes.

De modo opuesto, nos maravilla saber de hombres y mujeres que generosamente crean fundaciones para bendecir a muchos en la salud, la educación, la creación de empleos, la alimentación y más. Otros menos ricos damos para sostener a misioneros, proveer para los huérfanos y apoyar todo tipo de proyectos que ayudan a los necesitados.

La Biblia trata el tema del dinero constantemente, ya que es algo que sirve para bien o para mal, según la forma de usarlo. Este proverbio enfatiza que "las ganancias de los justos realzan sus vidas" o, en otra versión, "el salario del justo es vida" (NBLA), pues es necesario para el sostenimiento básico. También es útil para mejorar la vida diaria de nuestras familias y otros. El apóstol Pablo alabó a los filipenses por su generosidad a la obra misionera y les aseguró que, como resultado, "mi Dios les proveerá de todo lo que necesiten" (Filipenses 4:19, NVI). ¡Qué contraste con la gente que malgasta sus ganancias en lo contrario al bien y la vida!

Nuestra forma de usar lo que Dios nos da, ¿realza nuestras vidas? ¿Es de provecho y bendición a los demás? ¿Muestra sabiduría? Con lo poco o lo mucho que tengamos, reconozcamos que proviene de Dios y que Él nos recompensará por ser buenos administradores.

Dios, confío en ti para que me muestres el buen uso de lo que me das.

MH

Noche 63

Al necio le parece bien lo que emprende,
pero el sabio escucha el consejo.
Proverbios 12:15, NVI

¿Has oído la expresión "sigue tu corazón"? El rey Roboam, a pesar de sus cuarenta y un años, todavía pensaba como adolescente. Parecía que no había aprendido nada de la amarga experiencia de su padre durante el tiempo en que se alejó de Dios. El pueblo de Israel se había sentido subyugado por la carga de impuestos durante el gobierno de Salomón. Necesitaban un respiro y vieron la oportunidad cuando Roboam ascendió al trono y esperaron una respuesta favorable.

Roboam prometió responder en tres días y consultó a los ancianos consejeros de su padre, quienes le dijeron que fuera condescendiente con su pueblo, pero también pidió la opinión de sus amigos. Roboam estaba en la edad en la que los hombres suelen pensar que deben parecer más jóvenes, y siguiendo las ideas de sus contemporáneos, dijo que sería más duro de lo que fue su padre. Para su desdicha, sus intenciones hicieron que las doce tribus de Israel se dividieran y reinó solamente sobre dos de las tribus.

Me pregunto si Roboam leyó alguna vez la colección de proverbios que escribió su padre. Si lo hubiera hecho, no habría fracasado. No solo tenía a los ancianos consejeros, también tenía sus escritos, inspirados por Dios mismo. Roboam pensó que iba a empezar un reino con el pie derecho y su historia terminó con amargura.

El Señor quiere asegurarse de que sigamos los consejos correctos. Nos ha dejado su Palabra escrita para guiarnos en nuestras decisiones de vida, pero no solo eso, nos ha puesto hombres piadosos apegados a su Palabra que pueden ayudarnos también. Si alguna vez te sientes tentada a "seguir tu corazón", pide consejo.

Padre, que aprenda a escuchar buen consejo.
YF

Día 64

¡Solo los simplones creen todo lo que se les dice!
Los prudentes examinan cuidadosamente sus pasos.
Proverbios 14:15, NTV

*E*l cuento *El traje nuevo del emperador* de Hans Christian Anderson relata la historia de un emperador que gastaba gran parte de su fortuna en ropa elegante. Un día llegaron unos tejedores que ofrecieron tejer la tela más extraordinaria del mundo: se volvería invisible ante los ojos de los necios o los que no merecían su cargo. A cambio de unas monedas de oro, iniciaron la confección del traje invisible, que ni lo ministros del rey se atrevían a declarar una farsa. Cuando desfiló el rey, todos admiraban la majestuosidad del traje, hasta que un niño exclamó: "¡Pero si está desnudo!".

En las redes sociales, fácilmente creemos todo lo que leemos y a menudo lo compartimos sin averiguar si es verdad. Muchas veces ni sospechamos que podría ser falso porque procede de nuestro amigo, quien también creyó que era de confiar.

Efectivamente, "los simplones creen todo lo que se les dice" y no ejercen su sentido común. En contraste, "los prudentes examinan cuidadosamente sus pasos". Cuando Jesús anduvo en la tierra, muchos creyeron a los líderes judíos que lo acusaban de hereje y transgresor de la ley. No investigaron lo que realmente enseñaban los libros del Antiguo Testamento acerca del Mesías. No escuchaban con discernimiento sus palabras. Otros fueron como Nicodemo, quien en el juicio de Cristo preguntó: "¿Acaso juzga nuestra ley a un hombre a menos que le oiga primero y sepa lo que hace?" (Juan 7:51; NBLA).

No es sabio creer todo lo que nos dicen. Consideremos los hechos desde diferentes puntos de vista. Examinemos lo que dice la Biblia.

Señor, guía mis pensamientos y mis decisiones.

MH

Noche 64

El corazón del justo piensa para responder;
mas la boca de los impíos derrama malas cosas.
Proverbios 15:28, RVR1960

Thomas Edison entregó a su madre una nota que le dio su maestro. Ella vio la nota y sus ojos se llenaron de lágrimas. Leyó entonces en voz alta: "Su hijo es un genio, esta escuela es muy pequeña para él y no tenemos buenos maestros para enseñarlo, por favor enséñele usted". Muchos años después, cuando ya Edison se había convertido en un gran inventor, encontró el papelito. El mensaje era: "Su hijo está mentalmente enfermo y no podemos permitirle que venga más a la escuela". Edison lloró por horas y luego escribió en su diario: "Thomas Alva Edison fue un niño mentalmente enfermo, pero por una madre heroica se pudo convertir en el genio del siglo".

¿Qué hubiera pasado si su madre hubiera permitido que ese mensaje definiera la vida de su hijo? El efecto de las palabras en las personas es muy poderoso. Podemos derramar cosas tan malas que envenenen el alma de una persona, o podemos motivar a nuestros seres cercanos a desarrollarse.

El proverbio de hoy nos recomienda pensar antes de hablar. Cuando estamos enojadas o alteradas podemos responder con palabras de las que más tarde nos arrepentiremos. Mantengamos el control de nuestra lengua. Como madres podemos formar hijos más seguros si las afirmaciones que les expresamos son positivas.

Animar es una gran labor. Puedes tomar unos segundos para pensar las mejores palabras que puedas expresar hoy a las personas que te rodean. Siempre podemos encontrar cosas positivas y derramar amor.

Señor, no permitas que mi boca sea un instrumento
de desánimo para las personas que amo.
MG

Día 65

Peso y balanzas justas son de Jehová;
obra suya son todas las pesas de la bolsa.
Proverbios 16:11, RVR1960

Cuando era niña, mi mamá me mandaba a la tienda más cercana. El señor que la atendía era don Luis, quien platicaba alegremente conmigo. Como conocía a mis padres, a veces nos fiaba las cosas. Es decir, podíamos adquirir el producto y pagarlo después. Pero recuerdo muy bien que un día llegué a pedirle el favor de que me pesara algo que mi madre había comprado y quería corroborar que tuviera el peso exacto. ¿Qué descubrí?

Don Luis puso sobre la báscula lo que iba a pesar, pero discretamente quitó un pedazo de hierro que tenía en un lugar estratégico de la báscula y que usaba para no dar el peso completo. Esto me desconcertó. Al principio no sabía por qué quitaba el pedazo de hierro. Después me di cuenta de que lo usaba para robar. Él quería pesar correctamente lo que yo le estaba pidiendo en ese momento, pero en la práctica solía hacer trampa. Ciertamente no robaba mucho, quizá solo unos gramos. Nunca fue un hombre acaudalado. Sin embargo, ¿podemos justificar sus acciones?

Si don Luis quería enriquecerse practicando el robo, no estaba en el camino correcto. La Palabra de Dios nos dice que la "bendición de Jehová es la que enriquece, y no añade tristeza con ella" (Proverbios 10:22, RVR1960). No podemos saltarnos este principio y pensar que por robar, aunque sea poquito, seremos bendecidas y tendremos riqueza.

A veces no es un producto en lo que defraudamos. A veces puede ser en pequeñas mentiras o en pequeñas omisiones al hablar. Si nuestro propósito es ser veraces en todo, no tendremos dificultad en siempre decir la verdad y el Señor nos bendecirá, ¿no lo crees?

Padre, ayúdame a ser honesta en todo.

YF

Noche 65

Los sensatos mantienen sus ojos en la sabiduría,
pero los ojos del necio vagan por los confines de la tierra.
Proverbios 17:24, NTV

En la comunicación es vital el contacto visual. ¿Te ha pasado que estás conversando con alguien que no te mira a los ojos? Resulta incómodo e insultante; peor aún si sus ojos están en la pantalla de su teléfono revisando sus mensajes. Sutilmente nos está diciendo que lo que otros dicen a muchos kilómetros de distancia es más importante que lo que nosotras, a unos pasos, tenemos para decir.

Durante la pandemia los estudiantes tuvieron que utilizar plataformas como Zoom para tomar clases. Los profesores les rogaban tener sus cámaras encendidas, pues de lo contrario no podían comprobar que estuvieran prestando atención. Y aun cuando tenían sus cámaras, ¡sus ojos deambulaban por todos lados menos hacia el profesor!

Nuestro proverbio de hoy compara la necedad con ese vagar de los ojos distraídos. Nos dice, en pocas palabras, que fijar la atención en la sabiduría es lo correcto. El escritor de Hebreos está de acuerdo, ya que nos recomendó fijar "la mirada en Jesús" (Hebreos 12:2, NTV). Recuerdo también al apóstol Pedro quien, mientras caminaba sobre el mar en dirección a Jesús, desvió la mirada y contempló las olas y el viento, ¡y entonces empezó a hundirse!

Podemos ir por la vida con ojos que miran todo, pero no prestan atención a nada. Podemos ser necias y hundirnos ante los problemas y las dificultades. Por el otro lado, se nos invita a poner los ojos en Jesús, la sabiduría encarnada. Si lo hacemos, no solo mostraremos sensatez, sino que podremos enfrentar las circunstancias más extremas.

Pongo mis ojos en ti, Jesús, tan lleno de gracia y amor.
KO

Día 66

El perezoso afirma: "¡Hay un león allí afuera!
¡Si salgo, me puede matar!".
Proverbios 22:13, NTV

La mayoría no enfrentamos leones en nuestra vida diaria, pero existe todo tipo de riesgos, desde accidentes automovilísticos y aéreos hasta robos y secuestros. Afortunadamente, la mayoría no consideramos estos como pretextos para no salir de casa.

Probablemente todos conocemos a alguna persona que tiene pavor a la idea de volar en avión, sobre todo por un posible accidente. En realidad, las estadísticas muestran que es más peligroso viajar a pie o en carro. El número de muertos por cada mil millones de kilómetros a pie son más de 50, en coche 3.1 y en transporte aéreo solo .05. Los "leones" de hoy no son tan peligrosos como pensamos.

Este proverbio nos hace reír al imaginar a alguien tan perezoso que, para no ir a trabajar, inventa que un león lo podría matar. Sin embargo, muchos se arman de pretextos para no cumplir con sus responsabilidades. Jesús usó la parábola de un padre que pidió a sus dos hijos que fueran a trabajar en su viña. Uno se negó a ir, pero recapacitó y fue. El otro dijo que iría pero nunca fue. El mensaje es que arrepentirse de un error es mejor que no cumplir (Mateo 21:28-32).

¿Hemos encontrados pretextos para no obedecer a Dios? Aun el "después lo hago" a menudo se convierte en nunca. Procuremos ser fieles en la obra de la viña del Señor.

Padre, quiero obedecerte y servirte hoy, sin pretextos.
MH

Noche 66

No comas pan con el avaro… Come y bebe, te dirá;
mas su corazón no está contigo.
Proverbios 23:6-7, RVR1960

La palabra hipócrita viene del griego *hypokrisis*, que significa "actuar" o "fingir". Se puede entender como una máscara, así que la persona, en otras palabras, no es sincera ni genuina. El proverbio de hoy nos pone el ejemplo de una persona avara, que "de labios para afuera" te invita de su comida, pero dentro de su corazón en realidad no lo desea. El consejo bíblico es no comer con esa persona o apartarse de ella.

Dalila, en la Biblia, pretendió amar a Sansón, pero lo traicionó a cambio de dinero. En tres ocasiones le pidió que le revelara el secreto de su fuerza, pero Sansón le mintió. En cada una de ellas, Dalila lo traicionó. Finalmente logró que el fuerte hombre le confiara el secreto. Él le dijo que si le cortaban su larga cabellera, sería como cualquiera de los hombres. Ella hizo que Sansón se recostara sobre su regazo y cuando se quedó dormido vino un hombre y lo rapó. Efectivamente perdió su fuerza y los filisteos le sacaron los ojos y lo llevaron cautivo. ¡Qué triste historia! Fue un hombre demasiado confiado. Desde la primera vez que ella no fue honesta con él, debió alejarse.

Romanos dice: "el amor sea sin fingimiento" (Romanos 12:9, RVR1960). Debemos amar sin una máscara; no de labios hacia afuera. El mejor ejemplo de autenticidad es Jesucristo. Se interesó genuinamente por las personas y aún lo hace.

¿Somos dadoras genuinamente alegres? Tarde o temprano manifestamos con nuestros actos lo que hay en nuestro corazón.

Señor, quiero decir siempre la verdad, no solo con mis palabras sino también con mis acciones.

MG

Día 67

A Dios lo alabamos porque vive en el misterio;
al rey lo respetamos porque trata de entenderlo.
Proverbios 25:2, TLA

*C*uenta la Biblia que Salomón sabía de botánica, ingeniería y mucho más; tanto así que la reina de Saba que lo visitó se asombró con su sabiduría. Hoy elogiamos a los científicos que usan sus talentos para conocer más de nuestro mundo.

María de los Ángeles La Torre Cuadros es una bióloga peruana que solo está interesada en el ecosistema de los Andes tropicales, incluyendo a sus habitantes. Dijo en una entrevista: "Siempre me ha sorprendido la diversidad de colores, el detalle de cada elemento y la majestad que representa e inunda nuestros sentidos. Comprendo el amor infinito de Dios al ver la creación".

Muchos de los escritores de la Biblia, al igual que María de los Ángeles, se dejaban asombrar por la belleza de la creación. David, por ejemplo, dijo: "Cuando contemplo el cielo, y la luna y las estrellas que tú mismo hiciste, no puedo menos que pensar: '¿Qué somos los mortales para que pienses en nosotros y nos tomes en cuenta?'" (Salmo 8:3-4, TLA).

El mundo está lleno de misterios. Pienso que tal vez Dios los dejó allí porque, como dice este proverbio, así como Él es demasiado grande para comprender, también lo es su creación. Pero, tal vez, como María de los Ángeles, sientas curiosidad por los árboles, los animales y las estrellas; o quizá por cómo funcionan las sociedades y la historia. Si vives con constante asombro y curiosidad, te darás cuenta de que la vida no nos alcanzará para saberlo todo, pero que es emocionante aprender cosas nuevas. Súmate a la aventura de aprender, ¡sin importar tu edad!

Señor, que tenga una perpetua curiosidad por saber cómo funciona
el hermoso mundo que has creado.

KO

Noche 67

Las palabras suaves pueden ocultar un corazón perverso,
así como un barniz atractivo cubre una olla de barro.
Proverbios 26:23, NTV

Existen muchas clases de barnices. Unos hacen que un mueble asemeje uno antiguo. Algunos son muy brillantes, y otros son mate. Las piezas de cerámica pueden verse perladas o matizadas. Las joyas pueden ser chapadas de un metal precioso. El revestimiento, chapado o barniz, hace que un objeto se vea más hermoso y de más valor.

Una mujer heredó un collar muy elegante cuando falleció su mamá. Hasta tuvo cierto temor de viajar con él porque aparentaba ser de oro. Cuando lo llevó a que lo valoraran, supo que solo era chapado de oro y, de hecho, no se interesaron en comprárselo.

Según el dicho, no todo lo que brilla es oro. "Las palabras suaves pueden ocultar un corazón perverso, así como un barniz atractivo cubre una olla de barro". El barro, sin el tratamiento que requiere la porcelana, puede asemejarse a ésta si lleva baño de plata. En el Edén, Satanás mismo, con apariencia de serpiente, engañó a Adán y Eva con "palabras suaves" haciéndoles pensar que serían más sabios al probar el fruto prohibido, que serían más como Dios mismo.

Existen expertos en comunicarse de forma convincente, aunque no siempre expresan la verdad. Algunos hombres saben que pueden seducir a una mujer con palabras halagadoras. Las doctrinas falsas pueden ser muy atractivas. Tengamos cuidado. Detrás de palabras que suenan bien, puede haber peligro.

Padre, dame discernimiento para no caer ante la falsedad.

MH

Día 68

El que ayuda al pobre no conocerá la pobreza;
el que le niega su ayuda será maldecido.
Proverbios 28:27, NVI

¿Qué cantidad de dinero debe tener el rico para dejar de ser pobre? O, ¿cuándo se considera que una persona es pobre? Una fórmula dice que si una persona gana entre el 40% o 50% del ingreso medio de la población, entonces es pobre. ¿Somos pobres?

Dios sabía que en este mundo habría pobres por el pecado que anida en el corazón de todos nosotros. Por eso, en la Ley de Moisés, Dios da mandamientos especiales en beneficio de los pobres. Por ejemplo, sus sacrificios debían ser conforme a lo que tenían; en un juicio no se debía les debía perjudicar por su situación económica; los que cosechaban debían dejar producto para los pobres.

Booz, un hombre adinerado, siguió la ley de Dios de modo que sus cosechadores dejaban lo que caía al amarrar las gavillas para hombres y mujeres que no tenían heredad. Entre esas personas estaba Rut, la que llegaría a ser su esposa. Cuando Rut contó a su suegra Noemí sobre la bondad de este hombre, ella exclamó: "¡Que el Señor lo bendiga!" (Rut 2:20, NTV). ¡Y eso sucedió!

¿Cómo puedes cumplir hoy con las leyes de Dios y ayudar a otros? La ley se resume en una sencilla frase: "Ama a tu prójimo como a ti mismo". Piensa cómo puedes aplicar hoy este mandato en tu hogar o tu lugar de trabajo. Quizá puedas animar al que está triste, dar una moneda al que mendiga, compartir los alimentos con una familia de escasos recursos. Tu bondad será recompensada.

Ayúdame a tender mi mano al pobre, aun si yo misma
me considero pobre.
YF

Noche 68

Se complace en la prosperidad de sus negocios,
y no se apaga su lámpara en la noche.
Proverbios 31:18, NVI

Los expertos en el sueño dicen que el adulto en promedio debe dormir entre 7 y 9 horas para que su cuerpo rinda lo necesario. Sin embargo, diferentes factores afectan la vida moderna para reducir esa cantidad ideal. El estrés, el exceso de cafeína y la luz de las pantallas y dispositivos electrónicos a menudo interfieren con el ritmo circadiano (el ciclo de vigilia y sueño).

No soy la única persona que abusa de su cuerpo y no siempre duerme el tiempo recomendado. He batallado con el insomnio, sobre todo en ciertas épocas de mi vida, como en la menopausia. Por mi trabajo y otras razones, tiendo a pasar mucho tiempo en la computadora. Cuando supe que la luz de las pantallas puede afectar al reloj del cerebro, empecé a evitar en lo posible el uso de la laptop y el celular en la hora antes de dormir.

La lámpara de la mujer virtuosa no se apagaba en la noche. La mujer virtuosa también madrugaba, aunque sospecho que procuraba descansar lo necesario. La admiramos por ser trabajadora y por su dedicación a su familia. En el versículo 25 vemos que no parecía estar estresada sino confiada ante el futuro. Parece que en su vida había equilibrio.

¿Estamos guardando equilibrio en nuestras vidas, sobre todo entre el trabajo y el hogar? ¿Sabemos cuidar de nuestros cuerpos lo suficiente? Procuremos tomar buenas decisiones para no sufrir física ni emocionalmente por el mal uso del tiempo.

Señor mío, ayúdame a encontrar balance en mi vida
para darte lo mejor.
MH

Día 69

Porque el hombre perverso es abominación para el Señor;
pero Él es amigo íntimo de los rectos.
Proverbios 3:32, LBLA

Reconocemos cuán importante es la amistad. Cicerón dijo: "Vivir sin amigos no es vivir". Oscar Wilde compartió: "Sí, el amor está muy bien a su modo, pero la amistad es una cosa mucho más alta. Realmente nada hay en el mundo más noble y raro que una amistad verdadera". ¿Tienes amigas? ¿Cuántas son íntimas o especiales? ¿Te imaginas ser la íntima amiga de Dios?

La Biblia dice que Dios y Abraham eran amigos. Dios fue amigo de Abraham porque fue un hombre recto. Podemos imaginarlos conversando. Con seguridad Abraham se sentía reconfortado en su presencia. El Señor, de hecho, puede hacer lo que ninguna amiga puede. Él puede llenarnos como nadie en esta tierra puede hacerlo. ¡Ni siquiera una pareja!

Jesús dijo: "Ya no os llamo siervos, porque el siervo no sabe lo que hace su señor; pero os he llamado amigos, porque os he dado a conocer todo lo que he oído de mi Padre" (Juan 15:15, LBLA). Aristóteles comparó la amistad con un alma que habita dos cuerpos, o un corazón que habita en dos almas. En otras palabras, la afinidad es lo que conecta a los amigos, y Jesús quiere que tu corazón y el mío estén conectados con el suyo. ¡De eso trata la amistad!

A veces buscamos en nuestro esposo o en una amiga lo que solamente Jesús nos puede dar. Jesús te escucha y se interesa por ti. Él mira tu corazón y no tu apariencia. Te amó incondicionalmente y de tal manera que sufrió la cruz por ti. Te conoce por nombre. Si no disfrutamos del gozo de su amistad, ninguna persona nos hará feliz. No te sientas sola como si no conocieras a nadie. ¡Él es tu amigo y está contigo siempre!

Gracias, Dios, por tu amistad.

MG

Noche 69

Aleja de tu boca la perversidad;
aparta de tus labios las palabras corruptas.
Proverbios 4:24, NVI

Afuera, en el mundo, nos enfrentamos a cosas terribles: rechazo, acoso, burlas, desprecios… Nuestro hogar debería ser el lugar donde encontrar paz y respeto. Dios diseñó a la familia para ser un lugar seguro. Lastimosamente, en la mayoría de los hogares, los integrantes de la familia oyen palabras inconvenientes. Los niños, al crecer, piensan que es algo normal en todas las familias.

Tengo una vecina muy mal hablada. Ofende a su nieta de cinco años usando palabras como "tonta" o "estúpida", además de otras palabras más altisonantes. Me pregunto si esta mujer también oyó las mismas palabras de su madre y si la vida tan triste que tiene será producto de esas palabras tan hirientes. ¡Casi es seguro que sí!

Me causa ternura la manera en que Dios nos habla en Proverbios, con tanto cariño. ¿Te has dado cuenta? "Oye, hijo mío… aparta de tus labios las palabras corruptas". Corrupto quiere decir podrido, deshonesto, inmoral, corrompido. Mucho se ha dicho que las palabras tienen el poder de crear o destruir.

¿Cómo tratas a los miembros de tu casa? ¿Con respeto y amor? Sé tan educada y respetuosa con los miembros de tu familia, especialmente con los niños, que cuando salgan al mundo y alguien los trate mal, no piensen ellos que eso es normal.

Señor, que mis palabras no sean corruptas sino traigan vida a otros.
YF

Día 70

Para que no des a los extraños tu honor,
y tus años al cruel.
Proverbios 5:9, RVR1960

*E*n las culturas orientales se presta mucha atención al honor y los occidentales también lo valoran. Sin embargo, en este proverbio, el padre le recuerda a su hijo que en el terreno del sexo es muy sencillo perder el honor.

Andrew Sullivan define el matrimonio como "la manera en que dos adultos afirman su compromiso emocional el uno con el otro". Timothy Keller dice que el matrimonio es el lugar donde le decimos al otro "te pertenezco de manera completa, permanente y exclusiva". Si revisamos la primera definición notamos que los sentimientos son la base de la unión. En la segunda, el compromiso va mucho más allá. Las palabras "permanente" y "exclusiva" le dan otra dimensión.

La Biblia nos dice que el matrimonio es un compromiso y por eso las relaciones sexuales solo deben darse en este contexto. "Honroso sea en todo el matrimonio" (Hebreos 13:4, RVR1960). Incluso en las películas vemos que algunos personajes declaran esto. Cameron Díaz le dice al personaje de Tom Cruise en *Vanilla Sky*, "¿No sabes que cuando te acuestas con alguien tu cuerpo hace una promesa, lo quieras o no?". En cualquier relación sexual hay una promesa, y va de por medio el honor. Por eso, el matrimonio es el único lugar donde ese compromiso se puede proteger y cumplir.

No des a los extraños tu honor. No hagas una promesa que no podrás cumplir. Que tu matrimonio sea honroso. Que puedas decirle a tu cónyuge: "Te pertenezco toda, para siempre y solo a ti". Es el mejor regalo que le podemos dar.

Padre, quiero que mi matrimonio sea honroso.
Ayúdame a amar a mi esposo como tú me amas a mí.

KO

Noche 70

Anda a ver a la hormiga…
asegura su comida en el verano, la almacena…
Proverbios 6:6-8, DHH

Ya no somos tan previsores como nuestros antepasados, que carecían de alimentos si no los almacenaban en tiempo de la cosecha. En casi cualquier momento conseguimos las frutas y verduras que nos gustan; si no es su temporada, muchas se consiguen en forma enlatada o congelada.

Mi abuela paterna era toda una "hormiguita" previsora, como muchas de su época, sobre todo en climas fríos. Guardaba los tubérculos en un lugar fresco para que duraran por el invierno, pero no se congelaran. Preservaba gran cantidad de verduras y pepinillos. Hacía salsas y mermeladas. Su familia no carecía de lo necesario en ninguna estación.

El rey Salomón nos señala la hormiga. Aun los animales saben que deben prepararse para el futuro. ¿Y los seres humanos? Tenemos más conocimiento real, pero en ocasiones pocos deseos de ponerlo en práctica. Un gran ejemplo del espíritu previsor es el de José, quien llegó a ser administrador del faraón de Egipto. Dios le mostró que vendrían siete años de abundancia seguidos por siete años de sequía. Así ahorró y almacenó suficientes granos como para salvar a muchas personas en el tiempo de hambruna.

Podemos tener una interpretación equivocada de la fe y pensar que no es necesario ahorrar para el futuro, porque "Dios proveerá". Pero ese mismo Dios nos dio habilidades, sabiduría y recursos que podemos aprovechar de la manera debida. Planeemos para el futuro, confiando también en Él.

Señor, gracias por tu provisión. Ayúdame a invertir en el futuro.
MH

Quien teme al Señor aborrece lo malo;
yo aborrezco el orgullo y la arrogancia...
Proverbios 8:13, NVI

Philip Yancey cuenta la historia de Pascal, un hombre de Madagascar. Como científico, estaba orgulloso de su ateísmo. Un día fue arrestado por participar en una huelga de estudiantes y fue encarcelado en una prisión hecha para ochocientas personas, pero donde había más de dos mil quinientos reos. Pascal solo tenía un libro en prisión, una Biblia, regalo de su familia. ¿Y qué pasó?

A pesar de sus creencias ateístas, empezó a leer la Biblia y se dio cuenta de que la ciencia no podía ayudarlo en prisión. Tres meses después, empezó a tener estudios bíblicos con otros presos. Cuando fue liberado, Pascal visitó la cárcel dos veces a la semana para distribuir Biblias y traer comida saludable a quienes pasaban hambre.

Pascal muestra la diferencia que Cristo puede hacer en nuestra vida cuando dejamos a un lado el orgullo, cuando aceptamos que no podemos solas, o que la ciencia y nuestras creencias particulares no son suficientes para dar sentido a nuestra vida. No olvidemos que el orgullo es el mayor enemigo de las almas.

El Señor aborrece el orgullo y la arrogancia porque nos impiden acercarnos al único que nos puede dar vida en abundancia. Pero una vez que estamos cerca de Él, nosotras aprendemos a aborrecer lo malo.

Señor, líbrame del orgullo.
YF

Noche 71

Llama a los hombres que pasan por ahí,
ocupados en sus propios asuntos.
Proverbios 9:15, NTV

Los más grandes consumidores del materialismo son menos felices que los demás. A esta conclusión llegó Marsha Richins, profesora de la universidad de Missouri, y quizá estaba haciendo eco al proverbio que dice: "la prosperidad de los necios los echará a perder" (Proverbios 1:32, RVR1960).

Todas tenemos un cuarto de tiliches, o un sótano, ático o garaje donde apilamos cosas útiles y no tan útiles. Sin embargo, cuando alguien muere y los demás debemos revisar sus pertenencias, nos llevamos grandes sorpresas. Recuerdo haber leído sobre una mujer que tenía en su garaje cajas sin abrir con muchos productos que había ordenado en línea y jamás disfrutó. Había acumulado cosas, pero no había sido más feliz por ello.

En el proverbio de hoy, la necedad se coloca en un lugar prominente e invita a las personas que van por los caminos rectos a seguirla. Y no hay trampa más sutil que el materialismo que nos dice "solo un poco más". Una blusa más, unos zapatos más, una cacerola más, un par de aretes más. Tristemente, la prosperidad nos echa a perder. El dinero se puede volver un ídolo, es decir, algo que quita de su lugar a Dios. Jesús dijo: "La vida de una persona no depende de la abundancia de sus bienes" (Lucas 12:15, NVI).

Si vamos por la senda derecha del contentamiento, no nos apartemos de ella. Si hemos empezado a amar el dinero, dejemos de acumular. En un examen frío, si abrimos nuestro armario, encontraremos ropa que no hemos usado, o cosas que compramos y siguen ahí. Que la prosperidad no nos eche a perder. Nuestra vida es mucho más valiosa que las cosas que tenemos. O que no tenemos.

Señor, líbrame del materialismo.

KO

Día 72

A su alma hace bien el hombre misericordioso;
mas el cruel se atormenta a sí mismo.
Proverbios 11:17, RVR1960

Se han encontrado miles de tablillas de arcilla que nos ayudan a saber más de los imperios sumerio, asirio, babilónico y persa. Si se hubieran escrito en otro material, quizá no sabríamos mucho de ellos. Las inscripciones en las pirámides también nos han ayudado a conocer más sobre la cultura egipcia. Benjamín Franklin dijo: "Escribe los agravios en el polvo, las palabras de bien escríbelas en el mármol".

Quizá en tu vida hay muchas palabras que te han herido. Como dice nuestro proverbio, perdonar es una manera de ejercer misericordia. Tal vez quien nos ofendió no pida perdón jamás. Sin embargo, es posible perdonar en nuestro corazón. Cuando sentimos rencor, nos atormentamos a nosotros mismos. Para esas cosas es mejor tener mala memoria.

La carta a los colosenses dice: "Sean comprensivos con las faltas de los demás y perdonen a todo el que los ofenda. Recuerden que el Señor los perdonó a ustedes, así que ustedes deben perdonar a otros" (Colosenses 3:13, NTV). Es desgastante no perdonar. Aun cuando las personas no nos lo pidan, el perdón nos ayuda a vivir en paz.

Demuestra comprensión y perdona. Trata a otros como te gustaría que te trataran a ti. Piensa en esto que dijo Robert Enright: "A veces, el perdón es un regalo silencioso que dejas en el umbral de la puerta de aquellos que te han hecho daño".

Gracias por tu perdón. Ayúdame a perdonar también
a quien me ha ofendido.
MG

Noche 72

El que anda con sabios, sabio será;
mas el que se junta con necios será quebrantado.
Proverbios 13:20, RVR1960

Esopo contó la fábula de un hombre que quiso comprar un asno, pero antes decidió ponerlo a prueba. Lo llevó a su casa y lo guardó en el establo. De inmediato, el asno se juntó con el más perezoso, así que, al otro día, el hombre lo devolvió. El vendedor se sorprendió de su rapidez de decisión, a lo que el hombre contestó: "No necesito más tiempo. Sé que este asno será exactamente igual al que eligió por compañía". En otras palabras: "Dime con quién andas, y te diré quién eres".

Hay muchas relaciones personales que no elegimos, como nuestros padres, hermanos o primos, pero la amistad es una decisión. C. S. Lewis dice que la amistad comienza cuando le decimos a otra persona: "¿Cómo? ¿Tú también? Creí que era el único". Y esa afinidad es la que nos une. En otras palabras, solemos juntarnos con otros que piensan igual.

¿Quiénes son nuestras amistades? ¿Personas sabias que temen a Dios? ¿Necios que se meten en dificultades? Nuestras amistades pueden decir mucho de nosotras. Elijamos amigos que "viven de acuerdo con la verdad" (2 Juan 1:4, NTV). Estas son las personas sabias que nos animarán a buscar a Dios.

Otra versión del proverbio de hoy dice: "Quién con sabios anda a pensar aprende" (TLA). ¿Qué te enseñan tus amistades? ¿Qué les enseñas tú a ellas? No existe la influencia neutral; todos influimos positiva o negativamente en los demás. Revisa qué efecto tienen otros en ti y tú en los demás.

Padre, gracias por mis amigas. Que sea yo buena influencia
para ellas. Que ellas sean buena influencia para mí.

KO

Día 73

La paz en el corazón da salud al cuerpo;
los celos son como cáncer en los huesos.
Proverbios 14:30, NTV

*E*l Imperio romano vivió un periodo largo conocido como *pax romana*, de gran estabilidad y calma interior, además de seguridad exterior. Este tiempo también le permitió alcanzar su máximo desarrollo económico y expansión territorial.

La Enciclopedia Británica sitúa este periodo de relativa paz entre los años 27 a.C. y 180 d.C., lo cual coincidiría con los años que cubre el Nuevo Testamento. Aseguró el desarrollo de la civilización en el área del Mediterráneo que, junto con la buena ingeniería de las calzadas romanas, también permitió la difusión del cristianismo. El apóstol Pablo tuvo privilegios como ciudadano romano, algo que Dios usó también.

"El corazón tranquilo da vida al cuerpo, pero la envidia corroe los huesos" (NVI). Así como la paz romana, la paz interior contribuye a la salud o bienestar exterior. Pablo escribió: "Que gobierne en sus corazones la paz de Cristo" (Colosenses 3:15, NVI). En esos corazones no habría lugar para el "cáncer" de los celos y la ira. En el hebreo, la palabra *shalom* se utiliza para la paz y el bienestar, ya sea con el hombre o con Dios, además de una tranquilidad interior.

La mayoría hemos experimentado la ausencia de paz por la preocupación, el resentimiento o la envidia. Si hemos entregado nuestras vidas a Jesucristo, Él es poderoso para transformarnos y hacer que nuestros sentimientos y pensamientos estén centrados en Él y libres de los enemigos de esa paz.

Señor, ¡que reine tu paz en mi ser!
MH

Noche 73

El corazón alegre es una buena medicina,
pero el espíritu quebrantado consume las fuerzas.
Proverbios 17:22, NTV

Las endorfinas son sustancias químicas que produce el organismo y estimulan las zonas del cerebro donde experimentamos placer y alegría. Se las conoce como hormonas de la felicidad y las podemos generar por medio del ejercicio, una buena noche de sueño y el uso de la imaginación. Pero una de las maneras más sencillas de liberarlas es ¡riendo!

Hoy nuestro proverbio nos habla del corazón alegre. Haz la prueba en este momento y sonríe. El simple reflejo físico nos hace sentir mejor, ¿cierto? ¡Cuánto más unas buenas carcajadas! ¿Y si no tienes motivos para reír? En el día quizá encontramos más oportunidades de llorar o de sentir miedo y ansiedad.

Pero Pablo nos recomienda lo mismo que este proverbio: "Estén siempre llenos de alegría en el Señor. Lo repito, ¡alégrense!" (Filipenses 4:4, NTV). Lo interesante está en que no nos pide estar contentos "en las circunstancias" en las que estemos, o "en nuestras fuerzas", sino "en el Señor". ¿Qué significa esto? Que nuestro gozo viene de quién es Jesús. Piénsalo: Jesús es bueno, amable, santo y perfecto. Además, todo lo puede, todo lo sabe y todo lo ve. Y sobre todo, te ama, te escoge, te perdona, te limpia, te sana, te abraza, te busca, te salva y te recibe. ¿No te hace alegrar esto?

Regocíjate hoy. Sin importar las cosas que puedan ir mal o los sentimientos que te dominen, alégrate. Respira hondo, dibuja una sonrisa en tu rostro y piensa en Jesús. Tu corazón alegre será un buen remedio para cualquier mal.

Señor Jesús, me alegro en ti.
KO

Día 74

Los rumores son deliciosos bocaditos
que penetran en lo profundo del corazón.
Proverbios 18:8, NTV

Se conoce como bocadito a un pastel o torta diminuto, que por lo general se rellena de nata o crema con sabores diversos. También se usa para señalar alguna porción pequeña de alimento que se puede atravesar con un palillo. En algunos lugares, los bocaditos o bocadillos son un arte, tanto así que no puedes ir a Madrid y no probar un bocadito de calamares. Sin embargo, en este proverbio los bocaditos son otra cosa.

¿Te has reunido con un grupo de amigas para tomar un café? Si estamos tomando un café, ordenaremos una bebida caliente y algunos bocadillos o aperitivos. Pero, como dice nuestro proverbio, quizá los "bocaditos" más deliciosos sean los rumores que escucharemos de labios de nuestras amigas sobre otras personas. ¿Y cuál es el problema de escuchar estos rumores que al principio resultan exquisitos?

El problema es que estos rumores penetrarán hasta lo profundo del corazón, y una vez ahí, crearán problemas. Los chismes distorsionan la imagen que tenemos de los demás. Como no sabemos si son verdad, pintan un cuadro que quizá no sea verdadero ni confiable. Además, alimentan nuestro orgullo cuando nos sentimos, por un momento, superiores a aquel de quien se está hablando.

¿Qué hacer si estás en una reunión donde se empiezan a servir estos "bocaditos"? Lo mejor es desviar la conversación y no escuchar. Hace mucho aprendí que, antes de hablar sobre alguien más que no está presente, debo preguntarme: ¿es verdad? ¿Es útil? ¿Es inspirador? ¿Es necesario? ¿Es amable? Si respondo "no" a cualquiera de estas preguntas, lo mejor será no servirlo en la mesa.

Padre, dame la fuerza para evitar los chismes y los rumores.

KO

Noche 74

La misericordia y la verdad sostienen al rey;
su trono se afirma en la misericordia.
Proverbios 20:28, NVI

Cuando una persona del cine muere, se enumeran sus éxitos más que sus fracasos. Se menciona cuántas películas filmó, cuántos años estuvo en la industria, cuántos títulos obtuvo, cuántos premios o galardones ganó, pero de muy pocos se enlistan sus actos de devoción o sus obras piadosas.

Lee con atención esto: "Los demás hechos de Ezequías, y sus misericordias, he aquí todos están escritos en la profecía del profeta Isaías hijo de Amoz, en el libro de los reyes de Judá y de Israel" (2 Crónicas 32:32, RVR1960). Si lees con detenimiento la vida de Ezequías, te darás cuenta de que fue un rey bueno y fiel de corazón para con Dios. Dios le concedió muchas peticiones cuando oraba. Además, hizo cosas grandes. Si algún día visitas Jerusalén, podrás pasar por un acueducto que él construyó a través de una montaña para llevar agua a la ciudad.

¿A cuántas personas de su pueblo les habrá mostrado misericordias el rey Ezequías? Seguramente a muchas y su Dios lo sostenía y afirmaba su trono. Podemos estar seguras de que Dios se complace en que mostremos misericordia. Lo dice el proverbio de hoy.

Mostrar misericordia es algo que está a nuestro alcance. Mostramos misericordia cuando sabemos de alguien enfermo y le llevamos un poco de comida. Mostramos misericordia cuando cuidamos a los niños de alguien que está en un apuro. Mostramos misericordia cuando compartimos algo de lo que tenemos cuando alguien nos pide o nos damos cuenta de su necesidad. Nuestro Dios se complace en eso y ¡va a sostenernos!

Padre de misericordias, quiero ser como Tú.

YF

Día 75

[No] te juntes con los que pierden los estribos con facilidad,
porque aprenderás a ser como ellos.
Proverbios 22:24-25, NTV

*E*n nuestro mundo digital hacemos "amigos" con cientos de contactos; en ocasiones no los conocemos en persona. Aun a la distancia podemos ver por sus comentarios que algunos son irritables e irritan a los demás. Si les contestamos en el mismo estilo, "aprenderemos a ser como ellos". A la larga, la mejor decisión puede ser darlos de baja como contactos.

Al llegar a casa, el esposo de una amiga inmediatamente empezó a enojarse con ella por algún detalle sencillo. Ella le preguntó: "¿Qué te pasó hoy?". Resultó que había chocado en el camino, había llegado a molestarse con el otro conductor y se estaba desahogando con ella. Al perder los estribos podemos lastimar a los demás sin necesidad.

En este pasaje, Salomón nos exhorta a evitar la amistad con gente irritable que pierde los estribos con facilidad porque podremos seguir su mal ejemplo. Saber responder de forma apropiada requiere gran dominio propio. Practiquemos lo siguiente: "Todos deben estar listos para escuchar, y ser lentos para hablar y para enojarse; pues la ira humana no produce la vida justa que Dios quiere" (Santiago 1:19-20, NVI).

¿Nos juntamos con gente irritable? ¡Cuidado! Podemos volvernos como ellos. Peor todavía más, ¿somos irritables y perdemos los estribos con facilidad? Pidamos ayuda a Dios hoy mismo.

Padre, ayúdame a practicar el dominio propio
para no reaccionar con ira.
MH

Noche 75

Aplica tu corazón a la enseñanza,
y tus oídos a las palabras de sabiduría.
Proverbios 23:12, RVR1960

En la naturaleza encontramos grandes ejemplos de madres. Por ejemplo, las nutrias marinas dan a luz en el agua. El pequeño nace con los ojos abiertos, diez dientes y un pelaje espeso que le impide hundirse. La mamá lo mantiene sobre su vientre para amamantarlo. Cuando va por comida, lo amarra con algas para que la corriente no se lo lleve. Cuando crece un poco, su mamá le enseña a nadar, a sumergirse y a buscar alimento. Incluso se sabe que algunas hembras adoptan a una cría huérfana.

Nosotras también modelamos con nuestras vidas comunicando un mensaje en cada una de nuestras acciones y palabras. Las madres somos maestras de tiempo completo para nuestros hijos, para nuestra familia y toda la gente que nos observa. Cada ejemplo de nuestro comportamiento es una lección ofrecida de manera voluntaria e involuntaria.

En la epístola de Tito, el apóstol Pablo escribió claramente que las ancianas deben ser maestras del bien y deben enseñar a las jóvenes. Toda mujer madura es llamada a compartir su experiencia de vida a las siguientes generaciones. ¿Cuál es el temario? Materias sobre "cómo amar al marido y a los hijos" o "cómo cuidar de la casa".

Somos maestras de tiempo completo, así que apliquémonos de corazón. Si eres jovencita, presta oído a las palabras de sabiduría de las mujeres maduras. Cuando ellas te enseñan, lo hacen porque Dios así se los ha encomendado. Así que hay momentos en que nos toca ser alumnas y a veces nos toca ser maestras. Aprendamos para enseñar; somos bendecidas al bendecir la vida de otros.

Ayúdame, Señor, a mantener un corazón dispuesto a aprender.
MG

Día 76

Cava una fosa, y en ella caerás;
echa a rodar piedras, y te aplastarán.
Proverbios 26:27, NVI

En tiempos pasados, para atrapar animales era común cavar una fosa y cubrirla con tierra y hojas. Según este proverbio, el cazador puede caer en su propia trampa. Las piedras enormes se usaban como armas de guerra, pero si rodaban sobre el que las movía, podían aplastarlo.

En el imperio persa bajo el mandato del rey Asuero, el visir Amán preparó un complot para matar a todos los judíos del reino. También mandó hacer una horca para colgar a Mardoqueo, primo y padre adoptivo de la reina Ester, también judíos. Al final, el rey mandó a que Amán fuera ahorcado en el instrumento de su propia creación.

En este versículo y en muchos más, la palabra de Dios enseña que el pecado acarrea consecuencias. En especial, el que desea dañar a otros caerá en su propia "fosa". El Señor nos recuerda que no nos toca buscar venganza cuando nos causan daño: "Mía es la venganza; yo pagaré" (Romanos 12:19, NVI).

¿Nos han lastimado con palabras hirientes? ¿Nos han robado objetos de valor? ¿Nos han tratado injustamente? No guardemos rencor ni deseos de vengarnos. Reconozcamos que el juez eterno es Dios y Él hará justicia.

Señor, reconozco que está en tus manos, no en las mías, hacer justicia.
MH

Noche 76

El hierro con hierro se afila,
y un hombre aguza a otro.
Proverbios 27:17, LBLA

Cuando era niña, iba con mi mamá al mercado. Había una carnicería grande donde varios trabajadores, con su bata y gorrito blanco, atendían incansablemente a los compradores. Aplanaban la carne golpeándola con un pesado metal sobre un enorme tronco, y para realizar un buen corte afilaban sus enormes cuchillos con un artefacto parecido a una espadita redondeada llamado chaira. Cuando se frotan dos cuchillas de hierro, cada una se vuelve más afilada y, por lo tanto, más efectiva.

Cuando compartimos amistad, intereses, experiencias y ministerio con otros creyentes, el resultado de dicho trato es la edificación mutua. Juntos nos hacemos mejores, pulimos nuestro carácter y talentos. En mi vida cristiana, he tenido mentores que me han ayudado a aprender. Aceptar recomendaciones requiere humildad y ganas de superarnos. A veces, como dos machetes que se frotan, podemos "sacar chispas", pero el resultado es positivo.

Nuestros mejores logros en la vida son los que realizamos con ayuda de otros. El sabio predicador dijo: "Es mejor ser dos que uno, porque ambos pueden ayudarse mutuamente a lograr el éxito. Si uno cae, el otro puede darle la mano y ayudarle; pero el que cae y está solo, ese sí que está en problemas" (Eclesiastés 4:9-10, NTV).

¿Haces equipo para lograr tus objetivos? ¿Te interesas genuinamente por el logro de las metas de tus amigas o tu esposo? Acércate a las personas que pueden ser una buena influencia en tu vida y con las que puedas hacer sinergia. Ora para que el Señor te guíe; por algo las ha puesto cerca de ti.

Capacítame, Señor, para trabajar en equipo para tu gloria.
MG

El rico se cree muy sabio,
pero el pobre e inteligente puede ponerlo a prueba.
Proverbios 28:11, DHH

¿*T*e has topado con alguna persona que, por su dinero, piensa que todos deben atenderlo y mostrarle preferencia? Generalmente, estas personas, debido a sus influencias, compran puestos poderosos y hacen negocios fraudulentos. Humillan y desprecian a los que no tienen el dinero que ellos tienen.

En una ocasión en la que debía salir a la guerra, el rey David se quedó en su palacio. Fue entonces que conoció a Betsabé y ofendió al Señor. El profeta Natán lo visitó y le contó la historia de un hombre rico con mucho ganado, que se aprovechó de un hombre pobre y le robó la única corderita que tenía y a la que amaba, pues era como de su familia. Al oír este relato, David se enfureció y juzgó al hombre rico como digno de muerte, y dijo que debía pagar cuatro veces el valor de la corderita. Natán aprovechó para decirle a David que él era ese hombre malvado, pues, valiéndose de su superioridad como rey, se apoderó de la mujer de un hombre pobre como Urías.

Pareciera que en este tiempo David se había vuelto engreído y petulante. No consideró necesario salir a la guerra con su ejército, ni tampoco respetar a la mujer de su prójimo como lo dice la Palabra de Dios. Se creyó muy sabio y tuvo que ser un hombre pobre el que lo puso a prueba, pues Urías demostró más fidelidad que David.

Vamos a toparnos con personas que se creen muy sabias y que pueden humillarnos. Lo único que podemos hacer en estos casos es orar por ellas, para que encuentren un pobre que los ponga a prueba y se den cuenta de su falta de sabiduría.

Señor, dame sabiduría y defiéndeme.
YF

Noche 77

El pobre y el opresor tienen esto en común:
el Señor les da la vista a ambos.
Proverbios 29:13, NTV

Muchos acuden al museo del Louvre para ver la famosa Mona Lisa. Algunos solo le dedican una mirada pasajera para cumplir con el ritual; otros la admiran durante horas si no hay mucha gente. Su creador, Leonardo da Vinci, escribió que la persona promedio: "mira sin ver, oye sin escuchar, toca sin sentir, come sin probar, inhala sin percibir las fragancias, y habla sin pensar".

Nuestro proverbio de hoy nos recuerda que algo tenemos todos en común, sin importar el estilo de vida que elijamos: Dios nos ha dado cinco sentidos. Sin embargo, muchos vamos por la vida sin realmente usarlos. Amar a Dios con nuestra alma implica tener un corazón lleno de asombro que guarda silencio ante la grandeza del Creador.

Dice la Biblia que cuando contempló su obra creadora: "vio Dios que [todo lo creado] era bueno" (Génesis 1:25, RVR1960). ¿Lo hacemos nosotras? Cuando nos topamos frente a una tempestad en potencia, ¿nos sacudimos al reconocer nuestra pequeñez y alzamos las manos en adoración al que hizo los relámpagos?

¿Cuándo fue la última vez que nuestros ojos bebieron un paisaje cautivador, que comimos lentamente y disfrutamos cada explosión de sabor, que escuchamos música y exprimimos el sonido de cada instrumento, que tocamos la piel de la mano de un ser querido y nos dejamos embargar de amor, que inhalamos y dejamos que el aroma de tierra mojada nos robara el aliento? Tenemos un gran regalo en los sentidos. Dejémonos asombrar hoy por Dios al contemplar su creación.

Señor, quiero estar quieta y reconocer que eres Dios.
Pues todo lo que has hecho, lo veo, y es bueno.

KO

Día 78

Sus caminos son deleitosos,
y todas sus veredas paz.
Proverbios 3:17, RVR1960

*U*na tendencia en el diseño de los jardines en la antigüedad fueron los laberintos. Todavía existen suntuosos castillos que poseen al frente hermosos jardines. Caminar por sus enredados caminos es como una aventura de fantasía. Los unicursales o clásicos son los que tienen un solo camino que, aunque está muy enredado, siempre conduce al centro. Los multicursales son los que tienen más de una entrada y más de un camino para elegir; incluso pueden llevarnos a un callejón sin salida.

La vida es como estos jardines. En algunas ocasiones no tenemos alternativa salvo continuar por un camino enredado para llegar al final. En otras, tenemos que elegir entre varias opciones. Este recorrido puede ser angustiante cuando, desde nuestra perspectiva terrenal, ignoramos hacia dónde nos lleva el camino. Para poder transitar por las veredas con deleite y en paz, necesitamos una vista aérea de la ruta. Esa vista celestial nos la brinda la sabiduría divina.

Cuando reconocemos a Dios en nuestros caminos, Él nos conduce por la senda correcta. Que nuestra petición sean las palabras del salmista: "Enséñame, oh, Jehová, el camino de tus estatutos, y lo guardaré hasta el fin. Dame entendimiento, y guardaré tu ley, y la cumpliré de todo corazón" (Salmos 119:33-34, RVR1960).

Una vida tranquila y deleitosa está directamente relacionada con el tipo de decisiones que tomamos. Sé sabia y filtra cada cosa que hagas bajo la luz de la Palabra de Dios. Cuando ella ilumina el camino la vida, el recorrido es plácido y puedes disfrutarlo plenamente.

Señor, quiero obedecerte con cada una de mis decisiones.

MG

Noche 78

Porque os doy buena enseñanza;
no desamparéis mi ley.
Proverbios 4:2, RVR1960

Hay muchas personas que aceptan que la Biblia es la Palabra de Dios, pero nunca la leen ni siguen sus enseñanzas. Otros solo son cristianos los domingos o delante de otros cristianos, pero su vida deja mucho que desear.

El padre de Flor heredó la religión cristiana de sus padres, quienes eran creyentes de domingo. Para él, no era importante seguir la Palabra de Dios, así que en la familia de Flor se oían malas palabras, se veían peleas, había odio entre parientes y otras cosas más. Así que a ella le parecía que era normal vivir la vida cristiana sin leer la Biblia ni obedecerla. Se casó con un chico porque salió embarazada, pero él no creía en Dios. Su vida se convirtió en un infierno: soportó golpes, infidelidades, el divorcio y tuvo muchas relaciones fugaces y malas. Enfermó de los nervios, no podía conciliar el sueño y su salud se vino abajo. Viéndose sumida en la depresión y enfermedad, pidió la ayuda de Dios y entendió que debía entregar su vida a Cristo. Sus problemas no se han resuelto del todo, pero tiene paz. Sabe que el Señor está de su lado.

¡Qué importante es no abandonar la ley del Señor! ¿Cómo habría sido la vida de Flor si en su familia se hubiera amado y seguido la Palabra del Señor? La Biblia no es un libro que deba estar solo en el librero o deba llevarse en la bolsa el domingo.

Si amas la Biblia, si la sigues con todo el corazón, si tienes respeto y amor por los que están más próximos a ti, ellos van a seguir tu ejemplo, especialmente tus hijos. ¿No crees que vale la pena hacer caso de este hermoso proverbio?

Padre, no quiero desamparar tu ley. Ayúdame a seguirte
con todo el corazón.

YF

Día 79

Pasa la tormenta y desaparece el malvado,
pero el justo permanece firme para siempre.
Proverbios 10:25, NVI

*T*odos podemos pensar en alguna persona importante que estuvo en la cumbre del éxito y se desplomó: algún político que cayó en la corrupción, algún artista que sufrió por abusar de las drogas. Después desaparecen de las noticias y de la memoria. En contraste, otros logran mantener el rumbo y resisten las "tormentas" y tentaciones.

Estuve en la costa de Canadá cuando pasó la cola de un huracán, con tremendos vientos. Al día siguiente fui a dar una vuelta por el pueblo y el bosque; fue lamentable ver enormes árboles tirados en el suelo. Luego me di cuenta de que, junto al camino, unas margaritas habían agachado la cabecita, y al otro día, estaban derechitas. Pensé: "Así aguantan los pequeños fieles que siguen firmes, aunque los poderosos caigan".

De la misma manera, Salomón nos enseña que el malvado desaparece después de la tormenta, "pero el justo permanece firme para siempre". Hubo grandes reyes que se desviaron del camino correcto y sufrieron las consecuencias. Del rey Joacim se profetizó: "Será enterrado como un asno, y lo arrastrarán y lo arrojarán fuera de las puertas de Jerusalén" (Jeremías 22:19, NVI). De hecho, muchos no nos acordamos ni de su nombre.

¿Cómo nos va en las tormentas de la vida? ¿Nos dejan tiradas en el suelo, vencidas? Confío en que, como "el justo", nos mantengamos firmes, arraigadas en el Señor.

Señor mío, aunque me sienta débil, contigo soy fuerte.
Contigo a mi lado, sé que permaneceré firme.
MH

Noche 79

Las palabras veraces soportan la prueba del tiempo;
pero las mentiras pronto se descubren.
Proverbios 12:19, NTV

En Rumania, cuando alguien está a punto de mentirte, dicen una expresión que se traduce como "vendes donas". Las donas o rosquillas son uno de los panes favoritos de muchos, pero con esta expresión los rumanos advierten que alguien no dice la verdad.

Nuestro proverbio nos recuerda una de las pruebas más importantes para saber si algo es o no verdad: la prueba del tiempo. Podemos mencionar una lista de propuestas que en su momento fueron novedosas, pero hoy han quedado en el olvido porque no fueron ciertas. Sin embargo, un libro que ha soportado la prueba del tiempo, de la crítica y de la persecución, hoy sigue en pie trayéndonos paz.

"Los seres humanos son como la hierba, su belleza es como la flor del campo. La hierba se seca y la flor se marchita. Pero la palabra del Señor permanece para siempre" (1 Pedro 1:24-25, NTV). La Biblia es única en que, a pesar de haber sido escrita por más de cuarenta autores diferentes en un lapso de muchos años, tiene un hilo conductor: Jesús mismo. Él es el tema central de la Biblia, y no ha pasado de moda.

Las mentiras se descubren tarde o temprano. La gente, incluso, puede adivinar cuando les estamos intentado "vender donas", pero la verdad soporta la prueba del tiempo. Cree la verdad. Mantente firme en la verdad. Aférrate a la verdad. No te arrepentirás.

Tu Palabra es verdad, Señor.
KO

Día 80

Los justos odian las mentiras.
Proverbios 13:5, NTV

Cuando Pilato estaba juzgando a Jesús se preguntó qué era la verdad. ¿Debía confiar en la palabra de Jesús? Pilato, tristemente, no estaba interesado en saber qué o quién era la verdad. Más bien, evaluó las consecuencias de lo que creía. Pensó en la rebelión que podía levantarse de parte de los judíos si los enfadaba y en lo que sus superiores demandarían de él. La verdad quedó a un lado.

Lo mismo hacemos hoy. No nos importan los hechos: que el feto ya es un ser humano; que Dios creó hombres y mujeres y no se equivocó; que el uso desmedido del plástico afecta el planeta… Muchas veces, lo que nos importa es qué consecuencias tiene lo que creemos para nosotros. Si seguir la verdad puede afectar nuestra reputación, puede hacernos perder dinero o puede obligarnos a dejar nuestro estilo de vida pecaminoso, elegiremos ignorarla.

La verdad es un tema complejo en el mundo moderno. Al parecer, a nadie le importa "la verdad" sino cómo afecta nuestra comodidad y, de acuerdo con eso, la aceptamos como tal —una verdad— o la catalogamos como una mentira. ¿Odiamos las mentiras? ¿Las toleramos por conveniencia? Los que pertenecemos a Dios hemos escuchado la verdad de parte de Dios y su Palabra. Así que debemos responder a la pregunta de Jesús: "Y si les digo la verdad, ¿por qué, entonces, no me creen?" (Juan 8:46, NTV).

Nuestro compromiso debe ser con la verdad sin importar las consecuencias. En otras palabras, debemos creer y hacer lo correcto, aunque ello conlleve burlas, desprecio o problemas.

Señor, quiero odiar las mentiras. Ayúdame a amar la verdad.
KO

Noche 80

Quienes oprimen a los pobres insultan a su Creador,
pero quienes los ayudan lo honran.
Proverbios 14:31, NTV

Regateamos para reducir el precio de una artesanía y el creador indígena no recibe lo justo por su trabajo. No les pagamos vacaciones ni aguinaldo a los empleados domésticos. Tenemos un pequeño negocio que apenas da el salario mínimo y no ofrece un seguro de salud. Existe todo tipo de maneras de discriminar a los pobres.

Una pareja ha empezado un ministerio de niños de bajos recursos en mi ciudad. Un día observaron a un hombre que pasaba lenta y fatigosamente, con dificultad para respirar. Entablaron amistad con él y supieron que sufre de fibrosis pulmonar. Como resultado, no puede tener un empleo estable. Su vivienda carecía de un techo que lo protegiera bien del frío y se acercaba el invierno. La pareja y otros cristianos juntaron material y mano de obra para colocar un piso firme y láminas en el techo.

Este proverbio dice que al oprimir al pobre ¡insultamos al Creador! Y al ayudarlo, honramos a Dios. Jesús mismo aseveró que vino a cumplir la profecía de Isaías, ya que su Padre lo "envió para dar buenas noticias a los pobres" (Lucas 4:18, TLA). También nos indicó que al mostrar compasión hacia los pobres, le ministramos a Él: "Cuando tuve hambre, ustedes me dieron de comer" (Mateo 25:35, TLA).

No solo nos toca ministrar a los necesitados con alguna ayuda en especie. Podemos ir más allá y proveer oportunidades de mejorar su forma de vivir. Debemos interesarnos en que se les trate con justicia y con respeto a sus derechos.

Señor, abre mis ojos a maneras de aliviar el sufrimiento de los pobres.

MH

Día 81

Jehová está lejos de los impíos;
pero él oye la oración de los justos.
Proverbios 15:29, RVR1960

¿**H**as estado en medio de una tormenta? La primera vez que escuché el retumbar de los truenos yo tenía seis años. Parecía que el cielo estaba enojado y enviaba sus rayos para desahogar su ira. Entonces, para colmo, la luz eléctrica falló. Afortunadamente, estaba mamá y su abrazo. "Pues vamos a orar. Tú pídele a Dios que ya venga la luz y se acabe la lluvia". Mamá siempre me decía que Dios escuchaba todas las oraciones. Empecé a orar. Justamente al decir "amén" y abrir los ojos ¡vino la luz! Fue tal nuestra sorpresa que empezamos a reír de gusto.

Hoy agradezco que mi mamá inculcara en mí la certeza de que Dios me escucha. Aunque a veces parezca que nuestra oración es demasiado insignificante como para modificar lo que está predestinado, oremos de todos modos, porque Él está atento. Roguemos por el que padece cáncer y por quienes no tienen trabajo y alimento. Clamemos por el que vive atrapado en alguna adicción y por los niños que tienen que trabajar. Por los refugiados, los gobernantes, las víctimas de la trata de personas, la inseguridad y la delincuencia… ¡hay tanto por lo cual orar!

El proverbio de hoy es claro. El Señor oye nuestras oraciones. El Nuevo Testamento lo ratifica: "Acerquémonos, pues, confiadamente al trono de la gracia, para alcanzar misericordia y hallar gracia para el oportuno socorro" (Hebreos 4:16, RVR1960)

No permitas que esta hermosa comunicación se vea interrumpida por el pecado. Vive justamente, en obediencia y procurando la integridad. Comprobarás que una oración puede hacer que la luz nos ilumine de nuevo en tiempos de oscuridad.

"Señor, delante de ti están todos mis deseos
y mi suspiro no te es oculto".
MG

Noche 81

Quien halla esposa halla la felicidad:
muestras de su favor le ha dado el Señor.
Proverbios 18:22, NVI

Existen muchos mitos en cuanto al matrimonio. Supuestamente las chicas sueñan con su príncipe azul… ¿y los hombres? ¡Quizás con su princesa rosa! Se habla también de encontrar "un alma gemela". Sin embargo, esas imágenes de perfección pronto se desploman a la luz de la realidad.

Poco antes de casarme, una sobrinita me preguntó: "¿Por qué te casas con mi tío?". Le dije que nos amábamos y queríamos servir a Dios juntos. Ella dio su propia interpretación: "Creo que él no quiere hacerse viejito y estar solito". Seguramente algo de razón tenía, pues él ya tenía cuarenta años.

Aunque este proverbio menciona "la felicidad" como una de las bondades del matrimonio, nunca expresa que pueda haber alguna pareja perfecta. Del esposo se dice: "Muestras de su favor le ha dado el Señor". Recibimos bendición cuando escogemos dentro de la voluntad de Dios para nosotros. Formar equipo es una ventaja de la pareja: "Más valen dos que uno, porque obtienen más fruto de su esfuerzo" (Eclesiastés 4:9, NVI). A la vez, mantener una unión fuerte requiere esfuerzo personal y fe en el Señor.

Si eres soltera, confía que Dios te indicará en su momento ese hombre con el que puedas formar equipo. Si eres casada, recuerda que el Señor te quiere usar para que tu hogar sea feliz.

Padre, ¡gracias por el don de dar felicidad!
MH

Día 82

No hay testigo falso que salga bien librado;
todo mentiroso recibe su castigo.
Proverbios 19:5, TLA

Cierta mañana, Armando se encontró con un amigo en el autobús, quien le saludó diciendo: "¡Hola, Arturo! ¡Qué gusto verte!". Quizá por el miedo que tenía de corregir a otro o su necesidad por quedar bien, Armando no dijo nada. El gozo de la persona que lo saludaba fue suficiente para él. Pero seis meses después, Armando comprendió algo. Todas las mañanas, entre siete y siete media, se llamaba Arturo.

Situaciones así son comunes. Si no decimos la verdad en el momento, podemos quedar envueltos involuntariamente en una mentira. No existen las mentiras "sin importancia". Cuando aparentamos algo que no es, aun cuando no pronunciamos palabras, creamos una situación engañosa como fingir que no hemos visto un mensaje en el celular o no contestar el teléfono de casa para que piensen que no estamos ahí.

Tristemente, "nada hay encubierto que no haya de ser revelado, ni oculto que no haya de saberse. Por lo cual, todo lo que habéis dicho en la oscuridad se oirá a la luz, y lo que habéis susurrado en las habitaciones interiores, será proclamado desde las azoteas" (Lucas 12:2-3, LBLA). Es necesario proponerse en el corazón actuar siempre con verdad.

¿Consideras este aspecto como algo que puedes mejorar en tu vida? Si tuvieras que evaluar con qué frecuencia has recurrido a una mentira, ¿qué responderías? ¿Nunca, a veces o con frecuencia?

Dios, ayúdame a recordar que daré cuenta de todas mis palabras.
MG

Noche 82

Una herencia que se obtiene demasiado temprano
en la vida al final no es de bendición.
Proverbios 20:21, NTV

El gran pintor Rembrandt se identificó con el hijo pródigo de la parábola de Jesús, pues, en su juventud, actuó de manera despilfarradora y arrogante. Como dice nuestro proverbio de hoy, el hijo pródigo recibió temprano su herencia, pero le fue de tropiezo. Rembrandt pintó en su edad madura un poderoso cuadro donde el padre recibe al hijo y posa las manos sobre los hombros de este en señal de perdón. Muchos años después, este cuadro causó un profundo impacto en Henri Nouwen, un pensador y escritor cristiano. Nouwen habló del segundo hijo de esta historia.

Rembrandt y Nouwen también se podían identificar con el hijo mayor, resentido por el perdón que el padre daba al hijo menor y reacio a perdonar y dar una segunda oportunidad. Los dos hijos en esta historia, retratados por Rembrandt, podemos ser tú y yo. Pero Nouwen da un paso más allá y nos habla del padre compasivo.

El padre compasivo representa a Dios, quien "esperará a que ustedes acudan a él para mostrarles su amor y compasión" (Isaías 30:18, NTV). Nosotras, aun cuando somos más parecidas a ambos hijos, podemos convertirnos eventualmente en ese padre compasivo y ayudar a otros.

Seamos como el padre que "se estira a todo el que sufre, pone sus hombros para que descansen todos los que vienen a él, y ofrece la bendición que surge de la inmensidad del amor de Dios". Busca el cuadro del *Regreso del Hijo Pródigo* de Rembrandt y reflexiona más en esta historia mientras interactúas con los personajes principales. ¿Somos como el hijo menor, el mayor o el padre?

Señor, dame compasión por otros.
KO

Día 83

No engañes a tu vecino cambiando de lugar los antiguos límites
de propiedad establecidos por generaciones pasadas.
Proverbios 22:28, NTV

Habrás visto en el campo unos postes gruesos de concreto o piedra, aparentemente en medio de la nada. Una vez supe que se llaman mojoneras y que algunas son muy antiguas. El término todavía se usa para explicar los límites de las propiedades que están marcados en los planos de un terreno o construcción.

En siglos pasados, no existía forma de medir la latitud y longitud para determinar la ubicación exacta de un terreno, ni mucho menos un sistema como el GPS. Por lo tanto, esos marcadores eran sumamente importantes para indicar la extensión de una propiedad. Moverlos era terriblemente engañoso, pues obviamente se hacía para el beneficio propio.

Este proverbio enseña que no se debe engañar al vecino cambiando de lugar las mojoneras. Otros pasajes bíblicos nos prohíben otro tipo de engaño: "No emplees medidas falsas cuando midas la longitud, el peso o la capacidad" (Levítico 19:35, NTV). Ser personas honestas tiene que ver no solo con las palabras sino con las acciones; debemos vivir con justicia.

Cuídate de no caer en acciones que perjudican a tu prójimo. Si tienes un negocio, trata justamente a tus clientes y empleados. Dales el cambio exacto a quienes te paguen algo. Procura que tus acciones y tu vida sean transparentes, para que Dios sea glorificado.

Señor, haz que no solo mis palabras sino también
mis acciones sean agradables ante ti.
MH

Noche 83

No te excusas diciendo: "Ay, no lo sabíamos".
Pues Dios conoce cada corazón y él te ve.
Proverbios 24:12, NTV

Cuando Andrea se graduó como enfermera, consiguió trabajo en una clínica bajo el mando de un doctor especializado en obstetricia. Como enfermera quirúrgica, estaba allí en los partos y se sorprendió de la maravilla de los milagros de Dios. Sin embargo, empezó a percibir que su jefe no la invitaba a ciertos procedimientos y lo atribuyó a su falta de experiencia. Entonces se desilusionó.

Otra compañera le contó que el doctor no la invitaba a realizar los muchos abortos con que se enriquecía. Él sabía que Andrea era cristiana y no aprobaba esta práctica, pero ahora ella se encontraba en una disyuntiva. Si bien al principio había ignorado lo que se hacía en esa clínica, ahora no podía excusarse y decir que no lo sabía. Decidió renunciar.

En la vida tendremos muchas oportunidades de mostrar dónde está nuestra lealtad. Quizá trabajemos en lugares donde se abusa de los trabajadores o se practican cosas deshonestas. Contadores y administradores se pueden encontrar en una disyuntiva, incluso maestros a quienes se les exija mentir o enseñar falsedades. El proverbio añade: "El que cuida tu alma sabe bien que tú sabías" (Proverbios 20:12, NTV).

Dios cuidó del alma de Andrea al darle el valor para buscar un nuevo trabajo. Del mismo modo, cuando sepamos que algo erróneo se lleva a cabo a nuestro alrededor, no finjamos ignorancia. Recordemos que Dios nos ve, nos conoce y nos cuida. Y si la injusticia en el mundo nos hace sentir impotentes, el proverbio culmina: "**Él pagará a cada uno según merecen sus acciones**".

Padre, pesa mi corazón y mira por mi alma. Tú la conoces.

KO

Día 84

*El que se aleja de su hogar
es como el ave que se aleja de su nido.*
Proverbios 27:8, NTV

Perdió sus riquezas de la noche a la mañana. En un día, sus diez hijos fallecieron. Para colmo fue afectado por una enfermedad que le provocaba intenso dolor y picazón, así como el repudio de quienes lo veían. Nos referimos a Job quien, en un momento de angustia, recordó sus días felices y exclamó: "Entonces pensaba: 'En mi nido moriré, y multiplicaré mis días como la arena'" (Job 29:18, LBLA). ¿Quién no quisiera morir en su nido, en su lugar de consuelo y comodidad?

Nuestro proverbio, sin embargo, nos recuerda que algunos nos alejamos del nido, quizá empujados por el exilio, las circunstancias, o movidos por una decisión personal. Quedamos a merced de los depredadores.

El libro de Job nos da un claro panorama del sufrimiento y de cómo muchas veces no hay una explicación terrenal para las tragedias de la vida, sino una celestial. Job no estaba sufriendo por haber hecho algo particularmente malo o por haberse apartado de Dios. Su dolor provenía de una "apuesta cósmica". Satanás quería saber si la fe de Job era verdadera o si solo buscaba a Dios por conveniencia.

Quizá hoy te sientes como un ave lejos de su nido. ¿Estás sufriendo como Job? En lugar de preguntar por qué a mí o para qué, aférrate a tu fe. Tal vez Satanás también ha hecho una apuesta: que te apartarás de Dios en medio de tus lágrimas. Como Job, recuerda que la fe no es algo que sostienes en tu mano sino algo que te sostiene a ti en las tormentas. "Pon en la peña tu nido" (Números 24:21, RVR1960).

*Señor, la vida es injusta, pero Tú eres justo.
Aunque no entiendo muchas cosas, confío en ti.*

KO

Noche 84

*Él cuida las sendas de los justos
y protege a los que le son fieles.*
Proverbios 2:8, NTV

Escuché la canción *Not While I'm Around (No mientras yo esté aquí)* en la voz de Barbra Streisand e imaginé que era una tierna canción de una madre a su hijo. Fue compuesta por Stephen Sondheim para el musical *Sweeney Todd*, donde el huérfano Tobías se la canta a la Sra. Lovett, quien no resulta ser nada buena, a pesar de haberlo acogido. Sin embargo, la canción nos recuerda lo que todos anhelamos.

"Nada va a hacerte daño, no mientras yo esté cerca... Nadie va a lastimarte, nadie se va a atrever, no mientras yo esté cerca". La realidad es que, aunque le cantemos esto a nuestros hijos, en el fondo sabemos que no es posible cuidarlos todo el tiempo. Sin embargo, hay alguien que sí puede prometernos esto y mucho más.

El proverbio de hoy dice que el Señor nos protege, y esta promesa se repite vez tras vez en la Biblia. "Los he protegido desde que nacieron; así es, los he cuidado desde antes de nacer. Yo seré su Dios durante toda su vida; hasta que tengan canas por la edad. Yo los hice y cuidaré de ustedes; yo los sostendré y los salvaré" (Isaías 46:3-4, NTV). Quizá has sentido el cuidado de Dios desde niña. Quizá tú digas: "Tuve una infancia terrible. He vivido cosas muy malas. ¿Dónde estaba Dios?". Nuestras circunstancias más difíciles tienen el propósito de traernos de vuelta a los brazos protectores del Padre. Nuestras decisiones suelen alejarnos de Él, y es posible que sucedieran cosas malas en nuestra familia cuando no se le tomó en cuenta. Pero eso no implica que Él no pueda, incluso, cambiar tu pasado en algo nuevo y bello.

*Señor, solo Tú puedes cuidarme y protegerme.
Gracias porque lo has hecho, lo haces y lo harás.*
KO

Día 85

Los damanes no son poderosos
pero construyen su hogar entre las rocas.
Proverbios 30:26, NTV

Los procávidos o damanes son mamíferos que abundan en África y Arabia. Muchas personas suelen confundirlos con los conejos. Son conocidos porque viven en grupos y se comunican mediante diversos gritos. Las especies terrestres son diurnas y habitan las madrigueras y grietas en las rocas. Pero no son los únicos.

Los hombres también han aprendido a usar las rocas naturales para vivir allí. Capadocia, en el centro de Turquía, se caracteriza por una formación geológica única en el mundo. Debido a la erosión, hay muchas cavernas, naturales y artificiales, que han sido habitadas durante siglos. De hecho, hoy puedes visitar el lugar y encontrar muchas iglesias de la era bizantina, con frescos y pinturas que testifican la herencia cristiana de sus habitantes.

¿Cuáles son las ventajas de vivir en las peñas? Protección y permanencia. Desde tiempos de Moisés, Dios usó la figura de una roca para hablar de sí mismo. Aun cuando cuidó de su pueblo en su travesía por el desierto, y proveyó para ellos agua de una roca, el pueblo "abandonó a Dios; quien lo había creado; se burló de la Roca de su salvación" (Deuteronomio 32:15, NTV). Leemos también que descuidaron la Roca que los engendró. Se olvidaron del Dios que les dio la vida.

Por una parte, Moisés les recuerda a los israelitas que la roca de sus enemigos no es como su Roca. Hasta los enemigos se daban cuenta. ¿Y nosotras? Por otra parte, advierte que todos estamos en peligro de refugiarnos en las rocas equivocadas. Seamos sabias como los damanes y hagamos de Dios nuestra Roca.

Roca de la eternidad, sé mi escondedero fiel.
KO

Noche 85

El temor del Señor es la base del verdadero conocimiento
pero los necios desprecian la sabiduría y la disciplina.
Proverbios 1:7, NTV

El ruso Iván Pavlov realizó experimentos de reflejo condicionado con perros. Hacía sonar una campana para alimentarlos y ellos relacionaban la campana con comida. Llegó un momento en que el mero sonido activaba el sistema digestivo de los perros. Pavlov proponía que los seres humanos también podían ser entrenados para cambiar su comportamiento mediante la relación estímulo-conducta. Quizá nosotras hemos pensado que el propósito de los proverbios es modificar nuestra conducta. "Si hago esto, pasa aquello". ¡Pero no es así!

Hemos hablado mucho de la lengua. Quizá pensemos: "Si no abro la boca, seré sabia". En cierto modo, esto es verdad. Pero la sabiduría nos pide un poco más. La sabiduría nos enseña que: "Dios te ha creado a ti y al otro". Cuida del otro como Dios cuida de ti". ¿Notas la diferencia?

La base de los proverbios está en el temor del Señor. En otras palabras, la verdadera sabiduría mira quién es Dios, cómo gobierna al mundo y actúa conforme a esas verdades. El temor de Dios nos invita a responder no a un estímulo o recompensa sino a la misma persona de Dios. No hacemos las cosas para ganar puntos, sino porque queremos agradar a un ser supremo, ¡Dios mismo!

Los experimentos de Pavlov funcionan para amenazar y provocar respuestas, pero los estudiosos han concluido que los seres humanos somos más que simples animales. Dios está de acuerdo. La sabiduría no se trata de conductas externas sino de corazones cambiados, que la gloria de Dios sea más que una recompensa.

Señor, quiero conocer más de ti y responder dándote la gloria.

KO

Día 86

Engañosa es la gracia, y vana la hermosura;
la mujer que teme a Jehová, ésa será alabada.
Proverbios 31:30, RVR1960

Primero las revistas, luego la televisión, y ahora los medios digitales nos llaman casi a gritos: ¡Tú puedes ser más bella! Usa este maquillaje, esta crema antiarrugas, esta ropa y este perfume para ser atractiva y popular. Este producto te quitará los kilos que te afean… y así por el estilo.

Una vez caí en la trampa. Me aplicaron un producto en un lado de la cara y quedé asombrada de ver cómo se veía más tersa que el otro lado. Sí, costaba demasiado, pero me gustaba la idea de verme más joven. Luego, mucho antes del tiempo estimado de duración, el producto se secó. No me interesó volver a perder mi dinero así.

"El encanto es engañoso, y la belleza no perdura, pero la mujer que teme al Señor será sumamente alabada", dice la Nueva Traducción Viviente. La hermosura de la mujer ha sido el tema de miles de poesías y cantos. Así como las mujeres suelen soñar con su fuerte príncipe azul, los varones anhelan conquistar a la bella, curvilínea princesa. La Biblia nos advierte que aquello es engañoso porque es superficial y vano; se acaba con el tiempo. Nos ofrece muchísimos ejemplos de mujeres que destacan, no tanto por sus atributos físicos, sino por su fe en Dios. Esas serán alabadas.

Cuidamos nuestra apariencia y no tiene nada de malo. Nos arreglamos para sentirnos bien y agradar a otros, pero si no cuidamos nuestra relación con Dios, no "arreglamos" nuestro espíritu y esa belleza interior. Con la presencia de Cristo, "aunque por fuera nos vamos desgastando, por dentro nos vamos renovando día tras día" (2 Corintios 4:16, NVI).

Padre, quiero que la belleza de Cristo se refleje en mí.
MH

Noche 86

Larga vida hay en su mano derecha,
en su mano izquierda, riquezas y honra.
Proverbios 3:16, LBLA

Si pudiera pedir tres deseos al genio de la lámpara maravillosa, mi primer impulso sería pedir un pastel de chocolate, ser delgada y tener la colección completa de libros de Max Lucado. Sin embargo, la lista del proverbio de hoy ofrece algo más interesante: larga vida, riquezas y honra. ¿Y todas las personas sabias obtienen estas tres cosas?

Un recorrido por la Biblia y por la historia de la Iglesia te dirá que no. Algunos murieron jóvenes, como el mártir Esteban o el misionero David Brainerd. No todos tuvieron riquezas, sino que murieron en la pobreza. Otros, como el profeta Jeremías, fueron menospreciados por sus contemporáneos. Entonces, ¿a qué se refiere nuestro proverbio?

Como hemos aprendido, si eres prudente evitarás accidentes que acorten tu vida. Si eres ahorradora y buena administradora, no te faltarán recursos. Si guardas tus labios, serás honrada. Pero recuerda que los proverbios son piezas de un rompecabezas. Los proverbios no son amuletos para llevar en la bolsa.

Dios no es un genio en una lámpara maravillosa. Su propósito no es cumplir nuestros caprichos o darnos una fórmula para el éxito. Él busca ser nuestro Padre, nuestro Amigo, nuestro Dios. Por lo tanto, el camino de fe no implica un camino sin obstáculos, sino un peregrinaje para conocerle más a Él. Te felicito por haber llegado hasta aquí en la lectura de este devocional. ¿Qué nuevas cosas has aprendido del Señor Todopoderoso? ¡Ese es el verdadero tesoro! Poder decir cada día que sabemos un poquito más de Él y que le amamos un poquito más que ayer.

Tú sabes que te amo, Señor.
MG

Día 87

No te desvíes a la derecha ni a la izquierda;
aparta tu pie del mal.
Proverbios 4:27, RVR1960

John Bunyan, un predicador inglés del siglo XVII, escribió un libro llamado *El Progreso del Peregrino*, en donde relata la historia de un hombre llamado Cristiano en su camino a la Ciudad Celestial. El libro es una hermosa historia sobre la vida cristiana y, después de la Biblia, ha sido uno de los textos más traducidos.

En una de sus aventuras, Cristiano y su amigo Esperanzado tienen que caminar por el camino angosto y recto, que tiene muchas piedras, así como subidas y bajadas. Cansados y fatigados, ven una pradera con un camino que corre junto al angosto. Está lleno de flores y de un pasto verde, así que deciden caminar por él. Más adelante, se encuentran con Vana Confianza, otro caminante que les asegura que el segundo camino dirige a la Puerta Celestial. Cuando cae la noche, Vana Confianza cae en un pozo y, comienza a llover torrencialmente. Se dan cuenta de que ese no es el camino correcto y deciden regresar. Al tomar un descanso, el gigante Desesperación, que es dueño de aquellas tierras, los hace sus prisioneros en el Castillo de la Duda.

Esta historia ejemplifica lo que dice nuestro proverbio: "No te desvíes ni a la derecha ni a la izquierda". ¡Cuántas veces tenemos que decidir hacer el bien! A veces pensamos que es mejor decir una mentirita blanca o tomar prestado algo que pensamos devolver. Nos pasamos al camino contiguo pensando que no es tan grave lo que estamos haciendo. Como Cristiano, debemos depender de las promesas que el Rey de la Ciudad Celestial nos ha hecho y confiar en Él para soportar lo duro del camino que tenemos por delante.

Señor, enséñame a tomar las decisiones correctas.

YF

Noche 87

Sus caminos son inestables; no los conocerás
si no considerares el camino de vida.
Proverbios 5:6, RVR1960

¿Qué tienen en común Ludwig van Beethoven, Claude Debussy y George Gershwin? ¿O Bono, Jimi Hendrix y Keith Moon? Todos son considerados virtuosos de la música. Sin embargo, en la Biblia la palabra "virtuoso" es más amplia. De hecho, hay todo un poema en el último capítulo en el libro de Proverbios dedicado a la mujer virtuosa. Pero, cuando vemos nuestras vidas, solo podemos llegar a una conclusión: no somos ejemplares.

Nuestros caminos son, más bien, como los que describe este proverbio: inestables. Quizá no nos interesa el camino de la vida. Tal vez vamos tambaleantes por un sendero torcido ¡y ni nos damos cuenta! Más que parecernos a la mujer virtuosa de Proverbios 31, nos parecemos a las mujeres descritas en otros proverbios.

Salomón escribió: "Dios creó al ser humano para que sea virtuoso, pero cada uno decidió seguir su propio camino descendente" (Eclesiastés 7:29, NTV). ¿No es increíble? Dios nos hizo para ser capaces y de carácter noble. Nosotras hemos tomado malas decisiones, prefiriendo hacer lo que nos gusta a lo que Dios manda, o buscando la aprobación de los demás y no la de Dios. ¿Cuál es nuestra esperanza?

Jesús vino a enderezar lo torcido. Él vino a darnos paz con Dios. Si queremos ser mujeres virtuosas que regresen al plan original de Dios, hay un solo camino: venir a Jesús y dejar que Él transforme nuestro carácter. Elijamos hoy un camino ascendente y dejemos que Dios sea parte de nuestra vida.

Señor, no quiero andar ya más por senderos inestables,
sino ser la mujer virtuosa que Tú creaste.

KO

Día 88

El que es malvado y perverso
anda siempre contando mentiras.
Proverbios 6:12, DHH

E s muy conocida la frase "mentiras blancas", también llamadas "piadosas". Se cuentan para proteger a una persona o para no ofender. Eso no excusa al culpable, pero las
mentiras "negras" definitivamente tienen una motivación egoísta, como obtener un beneficio o evitar la culpa.

Una mujer visitó nuestra iglesia poco después de un temblor en
la zona. Con gran congoja nos platicó que venía de un pueblo,
que había caído su casa y había perdido todo. Después de la reunión, varios platicaron con ella personalmente y le dieron un
donativo. Más tarde supimos que los detalles que daba diferían.
¡Habíamos caído en una trampa!

"¿Cómo son las personas despreciables y perversas? Nunca dejan
de mentir", dice la versión de la Nueva Traducción Viviente. En este
caso no es una falla ocasional, sino un hábito constante, la prueba
de un carácter corrompido. En Apocalipsis leemos una sentencia
terrible. Junto con los asesinos y otros pecadores, "los idólatras y
todos los mentirosos recibirán como herencia el lago de fuego
y azufre" (Apocalipsis 21:8, NVI). Digan lo que digan la mentira
es grave.

"Pero solo digo mentiras chiquitas", solemos decir. Desgraciadamente, cuando empezamos con una, se hace hábito y podemos
seguir con mayores. No solo hacemos daño a otras personas, sino
a nuestro propio ser, al acostumbrarnos a este pecado. Si nos
ha ocurrido, seamos valientes para confesarlo ante Dios y pedir
perdón a las personas afectadas.

Dios, tú conoces mi corazón y mi lengua.
Límpiame del pecado de la mentira.
MH

Noche 88

Y así lo sedujo con sus dulces palabras.
Proverbios 7:21, NTV

*E*n cierta ocasión, un cliente del famoso pintor Rembrandt se negó a pagar diciendo que el retrato que le había hecho era muy feo. Rembrandt tenía un estilo "realista". En otras palabras, pintaba lo que veía. Tristemente, a muchos no nos gusta ver las cosas como son.

En el proverbio de hoy, un joven caminaba por la calle cuando una mujer se le presentó y le dijo que lo estaba buscando. Su esposo había salido de viaje, así que lo invitaba a entrar a su casa y ser su amante. Lo engatusó con sus artimañas, prometiendo una cama con colchas hermosas y el mejor de los vinos. Este joven no estaba viendo una pintura realista, sino una que ocultaba la verdad. La mujer olvidó mencionarle los peligros del adulterio y del sexo sin protección.

Regresando a Rembrandt, cuando el comprador volvió a visitar al artista, quien exigía su pago, vio en el piso una moneda de oro y decidió recogerla. ¿Qué crees que pasó? ¡No era real! ¡Rembrandt la había pintado! Del mismo modo, cuando nos acostumbramos a las mentiras de un mundo que solo finge para evitar que veamos la realidad del pecado, nos llevaremos una desilusión. Aquello que realmente vale, será una ilusión. ¿Y qué es eso? Pudiera ser el amor verdadero de una pareja.

Cuando veas una pintura realista que no te agrade, recuerda que es mejor ver lo que es cierto y no vivir en el engaño. La Biblia, precisamente, nos pinta un cuadro real cuando describe el corazón de los hombres como "engañoso" y "perverso" (Jeremías 17:9, RVR1960), pero también nos recuerda que Dios nos puede dar un "corazón nuevo" (Ezequiel 36:26, RVR1960). ¿Qué ves hoy a tu alrededor?

Dame, oh, Dios, un nuevo corazón, un corazón tierno y receptivo.

KO

Día 89

Ustedes los inexpertos, ¡adquieran prudencia!
Proverbios 8:5, NVI

Un chico había enviado su currículo a una empresa reconocida. Cuando fue a la entrevista de trabajo, desde que entró el entrevistador lo veía escrutadoramente poniéndolo incómodo. Después de un rato, la persona le preguntó al muchacho si era verdad lo que había puesto en el currículo y si podía comprobar toda su experiencia.

"¿Experiencia?", preguntó el muchacho un poco confuso. "¡Pero si acabo de terminar la carrera!". El escrutador le mostró al joven el currículo que había enviado. Sin poder creerlo, soltó una carcajada. El escrutador, extrañado, lo miraba molesto hasta que el muchacho le explicó que, por alguna razón, le había enviado el currículo de su padre y no el suyo. Para este joven, aceptar que se había equivocado y que no tenía la experiencia necesaria para ese trabajo fue una muestra de valor y de humildad.

Nuestro versículo nos llama "inexpertas", inexpertas en el camino de conocer a Dios. Necesitamos la humildad necesaria para aceptar que no conocemos, ni siquiera un poquito, al Dios infinito ante el cual estamos. Necesitamos el valor y la humildad necesarios para reconocer que no tenemos prudencia, que todo nos sale mal por nuestra inexperiencia.

Si en alguna ocasión has sentido que ya te sabes la Biblia, si has sentido que no tienes necesidad de orar, si ya no quieres asistir a las reuniones porque te parece que ya lo sabes todo, entonces, detente y recuerda: ante el Señor somos inexpertas. ¡Acude a Él y aprende!

Señor, no lo sé todo, pero gracias porque Tú me enseñas.
YF

Noche 89

Si fueres sabio, para ti lo serás;
y si fueres escarnecedor, pagarás tú solo.
Proverbios 9:12, RVR1960

Los teléfonos modernos y las redes sociales han sido diseñados para ser adictivos. Permiten que algunas de nuestras conductas sean reforzadas por estímulos o recompensas. Por ejemplo, cuando pones algo en Facebook, recibes el estímulo de un *me gusta*. Entre más *me gusta*, mejor te sientes, así que te vuelves adicta a recibir atención.

Llega un momento en que ya no importa la calidad de una foto, solo deseas ver cuántas personas te siguen en Instagram o cuántas reaccionan a lo que publicas. Tristemente, esto se vuelve un juego de aceptación. Ponemos nuestro valor y nuestra identidad en ese reconocimiento virtual. La realidad, sin embargo, es que ni los teléfonos ni las redes sociales van a desaparecer.

¿Qué podemos hacer entonces? Ser sabias. La sabiduría es una decisión personal. Nosotras podemos decidir no caer en el juego de los *me gusta* en las redes sociales, y encontrar aceptación en Jesús. A final de cuentas, Pablo nos recomienda: "Todo lo que hagan o digan, háganlo como representantes del Señor Jesús" (Colosenses 3:17, NTV).

El único *me gusta* que cuenta es el que Jesús da. ¿Y qué es lo que Él observa? El corazón. Si solo buscamos aceptación, reconocimiento y adulación, no hallaremos satisfacción. Si buscamos compartir algo útil, animar a otros en su andar con Dios o agradecer lo que Dios nos ha dado, nuestra motivación no está en la recompensa de un *me gusta*, sino en ayudar a otros y ser fieles representantes del Señor Jesús.

Señor, quiero escuchar de tus labios: "Buena sierva y fiel".
Es el "me gusta" más importante del universo.

KO

Día 90

Hay quienes reparten, y les es añadido más; y hay quienes retie-
nen más de lo que es justo, pero vienen a pobreza.
Proverbios 11:24, RVR1960

*L*as más grandes compañías trasnacionales productoras de chocolate obtienen el cacao por medio de la explotación y el trabajo infantil. Muchos no ven a sus padres en años, subsisten de manera precaria. Hay adultos cuyo medio de vida es "conseguir" niños para el trabajo. Retienen más de lo que es justo, pero viven también en la miseria. La mezquindad produce más escasez. Quien es dadivoso y desprendido genera abundancia.

Rick Warren, autor del superventas Una vida con propósito, desde temprana edad se propuso comprometerse con ofrendar el diezmo, y Dios le proveía de manera milagrosa para sus necesidades. Luego, decidió dar más que el diezmo. Con el paso del tiempo, ha logrado vivir muy bien con el 10% de sus ganancias, entregando a Dios el 90% restante.

Sin embargo, en la Biblia tenemos un ejemplo increíble. Jesús un día estaba en el templo y observó a los ricos que depositaban sus ofrendas. Luego pasó una viuda pobre y echó dos monedas en la caja. Entonces comentó: "Les digo la verdad, esta viuda pobre ha dado más que todos los demás… ella, con lo pobre que es, dio todo lo que tenía" (Lucas 21:3-4, NTV).

Medita en estos tres ejemplos. ¿Eres como los comerciantes de cacao que explotan a los demás o retienen lo que corresponde a otros? ¿Ofrendas como Rick Warren y le das a Dios más del diez por ciento? ¿Eres como la viuda pobre que ha dado todo lo que tiene? Tu manejo del dinero habla mucho de lo que hay en tu corazón.

Señor, examíname y dime cómo vivir.
MG

Noche 90

La furia del rey es como el rugido del león;
quien provoca su enojo, pone en peligro su vida.
Proverbios 20:2, NTV

Cuando los hermanos Pevensie escucharon sobre Aslan en el reino de Narnia, creado por C. S. Lewis, se mostraron temerosos. ¿Acaso podían confiar en un león? Pero se les aseguró: "¡Por supuesto que es peligroso! Pero es bueno".

Como dice nuestro proverbio, el rugido de un león nos pone a temblar. Los leones son peligrosos. Si nos topamos con uno, ponemos en riesgo nuestra vida. Los seres humanos también respetamos al Creador, al Dios omnipotente. Los israelitas que vieron su manifestación en el monte Sinaí tuvieron tanto miedo que le pidieron a Moisés que intercediera por ellos. ¡Morirían si intentaban acercarse a ese Dios poderoso y desconocido!

Pero tal como escribió C. S. Lewis, Dios es peligroso, sí, pero también bueno. En los salmos encontramos una y otra vez que los salmistas cantan, repiten y se susurran a sí mismos que Dios es bueno. ¡Qué cualidad más extraordinaria! Si bien podemos respetar el rugido del Señor, quien es el Todopoderoso, también podemos descansar en el hecho de que nos ama y de que su esencia es la bondad.

¿Qué debemos hacer ante el León de Judá? Lo mismo que hizo uno de los personajes en las Crónicas de Narnia. Descubrió "que podía mirar directamente a los ojos del león". ¿Por qué? Porque al hacerlo olvidó sus preocupaciones y se sintió totalmente complacido. Acudamos a Dios. Él es bueno.

Gracias, Señor, porque eres bueno.
KO

Sobre las autoras

KEILA OCHOA HARRIS (KO) es una escritora y profesora mexicana con más de veinte títulos publicados por diferentes editoriales. Disfruta viajar y conocer nuevos lugares con su esposo y sus dos hijos pequeños. También le gusta leer y ver buenas series de televisión.

"¡Qué maravilla estudiar los proverbios y recordar que Dios tiene muchos tesoros en ellos!".

MARGIE HORD DE MÉNDEZ (MH) nació en Honduras de padres canadienses y, años después, se nacionalizó mexicana. Es lingüista, traductora y profesora. Le encanta promover misiones y orar por los misioneros. Tiene dos hijos y siete nietos. Procura caminar mucho y le gusta tomar cursos de diferentes temas.

"Aunque los Proverbios son un gran reto por los temas que se repiten, pude analizarlos con más profundidad".

MAYRA GRIS (MG) es cofundadora de Insight Gospel Community, canal de ministerios digitales, en el que conduce el segmento para mujeres llamado *Un café con May.* Odontóloga y consejera familiar, está casada con Guillermo Luna desde hace casi treinta años. Tienen dos hijas: Danna y Alisson.

"Escribir sobre Proverbios ha grabado en mi corazón la confianza en las promesas de Dios y se reafirma mi convicción de que vivir en integridad y obediencia siempre tiene su recompensa".

YURI FLORES (YF) trabaja como maestra de redacción y de inglés en Puebla, México. Es la tercera de siete hermanos, quienes le han brindado apoyo en todas las áreas. Sirve como líder de mujeres en la Iglesia Cristiana Ebenezer. Viajar es su pasión, y cuando no se puede, hace visitas virtuales a lugares maravillosos.

"Aprendí tanto de cada porción del libro de Proverbios, que ¡hice mi devocional al escribir cada devocional!".